지성이 성경에 묻다

기독교 신앙의 가장 핵심적인 내용이라 할 수 있는 구원과 종말에 대해

지성이 성경에 묻다

저자 **이원재**

지옥은 정말 영원한가?

천국은 과연 안전한가?

아기는 죽으면 어디로 가나?

하나님은 왜 선악과를 두셨나?

?

이순신 장군은 지옥에 가셨나?

천년왕국은 왜 필요한가?

좋은땅

추천사

::::::::::

작금의 한국교회에 대한 많은 비판과 우려가 시작된 지도 벌써 오래 전의 일입니다. 그 원인에 대한 많은 진단이 있어 왔지만, 저는 그중에 도, "한국 기독교계를 지배하고 있는 정직하지 못하고 진지하지 못한 신 앙 풍토가 더 크고 본질적인 문제라고 생각한다."('아직도 교회 다니십 니까?' 17쪽)는, 길희성 서강대학교 명예교수의 의견에 전적으로 동의합 니다. '간절한 마음으로 말씀을 받고, 이것이 그러한가 하여 날마다 성경 을 상고'(사도행전 17장 11절)했다는 베뢰아 성도들처럼은 고사하고, 질 문하고 의심하며 고민하는 신앙조차 두려워하는 분위기가 바뀌지 않는 한, 한국교회의 미래는 그리 밝지 않을 것입니다.

이 책의 소중함은 그런 면에서 돋보입니다. 하나님의 말씀과 또 거기 서 드러난 하나님의 성품을 토대로, 기독교 신앙의 가장 핵심적인 내용 이라 할 수 있는 구원과 종말에 대해, 이만큼 정직하고 진지하게 탐구한 책이 또 있었나 싶습니다. 신학을 따로 공부하지 않은 평신도로서, 그 고 단한 싸움을 여기까지 치열하게 감당해 준 것에 심심한 경의를 표합니 다. 비록 기존의 교리와 상충되는 내용들이 많고, 또한 동의하기 어려운 내용도 있겠지만, 그래서 더더욱 우리가 믿는 바를 제대로 복기해 볼 수 있는, 흔치 않은 기회가 되리라 확신합니다.

　이 책을 읽고 함께 고민하는 분들을 통해서 언젠가 우리도, '머리로 납
득할 수 있고, 가슴으로도 사랑할 수 있는'(미국 성공회 감독 스퐁의 말)
그런 한국교회의 모습을 보게 되기를 바라며 많은 분들의 일독을 권합
니다.

우리고백교회 담임목사 고준석

인물 소개

▶ **성경**

직업은 성경을 가르치는 선생이면서 학자다.
성경에 대한 깊은 지식을 가지고 있고 성경을 주제로 토론하고 연구하는 것을 좋아한다. 교리나 교파의 관점에서 성경을 보기보다는 성경 그 자체가 무엇을 말하고 있는가에 관심이 많다.

▶ **지성**

직업은 대학생이다.
중학교 때까지는 성경에 깊은 관심을 가지고 교회에도 열심히 다녔다. 사춘기를 지나면서, 성경이 매우 비합리적이고 모순적이라고 생각하게 되면서 교회를 떠나게 되었다.

▶ **성도**

직업은 신학대학교 학생이다.
교회를 신실하게 다니고 있는 개신교 성도이며, 초등학교 때부터 지성이와 깊게 알고 지내던 친한 친구이다. 지성이가 교회를 떠난 것에 대한 안타까움을 가지고 있고 지성이를 전도하고 싶은 마음으로 가득하다.

목차

하나님의 성품과 성경

1. 성경은 어떠한 관점으로 읽어야 하나?

2. 교리는 하나님의 성품을 반영하고 있는가?

3. 하나님의 성품 관점에서 구원은 어떻게 이해되어야 하나?

4. 연대기적으로 천국과 지옥은 어떻게 변하나?

1.

성경은
어떠한 관점으로 읽어야 하나?

성도는 자신의 사랑하는 친구인 지성을 전도하고 싶은 갈망으로 가득하다. 지성이 다니는 대학교 주변 카페에서 지성을 만나기로 약속한다. 꼭 전도를 하리라고 굳게 결심한 후 지성을 만난다.

성도 지성아! 너 혹시 교회 다니니?

지성 아니! 그런데, 나는 기독교에 관심 없다. 나도 중학교 때까지 교회 다녔었는데 지금은 안 다닌다.

성도 왜? 하나님께서 너를 얼마나 사랑하시는데! 너를 구원하시기 위해 자신의 아들을 십자가의 제물로 주셨거든! 우리 하나님은 얼마나 사랑이 많으신 분인지 몰라! 네가 예수님을 너의 죄를 대신하여 죽으신 분으로 믿고 그분을 받아들이면 너는 구원받고 영원한 천국으로 가게 되는 거야!

지성 그래? 하나님이 그렇게 사랑이 많은 분이셔? 그래서, 하나님의 아들이 십자가에서 나의 죄값을 대신하기 위해 죽으셨다는 거지?

성도 그렇지! 예수님을 믿기만 하면 너는 하나님의 자녀가 되는 거야! 이
　　　얼마나 크신 사랑이고 은혜니!

지성 그래? 그럼 몇 가지 물어볼게! 이 중 한 가지만 네가 내 마음에서 수
　　　궁이 되도록 대답해 줘도 교회 가는 것 진지하게 한번 고민해 볼게!

성도 정말? 물어봐! 내가 아는 지식 총동원해서 대답해 줄게!

지성 좋~~~~아! 그럼 물어본다!! <u>으흐흐흐~~~~</u>

모든 불신자가 지옥에 간다면 조선시대 이전에 살던 사람은 전부
지옥에 가는 거야?

북한에서 태어난 자는 죽을 때까지 평생 복음을 들어보지 못하고
철권통치에 생각까지 강요받고 살았을 텐데 그들은 태어난 게 죄인
이야?

나라를 위해 싸우고 목숨을 바친 이순신 장군은 무슨 잘못을 해서
지옥에 가야 하는 거야?[1]

태어나서 가난한 부모에 의해 제대로 먹지도 못하고 죽은 어린아이
들에게도 하나님은 죄를 묻고 지옥으로 보낸다는 거야?[2]

진리를 알고자 하고 진리를 깨닫고자 했지만 누구도 알려주지 않는
나라에서 태어나서 평생 복음을 접할 수 없던 사람들도 지옥에 가
야 하는 거야?[3]

죄의 대가는 특정기간 형벌을 받음으로써 종료되는 것인데 도대체

---

1) 심화토론의 5. 살아서 예수님을 영접하지 않고 죽은 자는 모두 지옥에 가는가? 의사자 기술
2) 심화토론의 5. 살아서 예수님을 영접하지 않고 죽은 자는 모두 지옥에 가는가? 아기 기술
3) 심화토론의 5. 살아서 예수님을 영접하지 않고 죽은 자는 모두 지옥에 가는가? 구도자 기술

영원한 지옥형벌을 받아야 죄값이 치러지는 죄는 뭐지?[4]

연쇄살인마일지라도 세상 법정에서는 사형을 통해 그 형벌이 종료되는데 수십 수백 년도 아니고 수억 년도 아닌 영원한 지옥형벌을 받아야 한단 말이야?[5]

인간에게 한 가지의 죄만 있어도 지옥에서 형벌을 받는다는 것이 말이 되는 거야?

지옥은 영원히 꺼지지 않는 용광로와 같은 곳으로 단 1초도 견딜 수 없는 곳인데, 하나님은 인간을 이렇게까지 잔인하게 다루어야 하시는 거야?

아무리 많은 죄를 지어도 믿기만 하면 구원을 받는다는데, 그런 신자보다 훨씬 더 양심적으로 정직하게 최선을 다하며 살아온 나는 왜 지옥에 가야 하는 건데?

인류 역사를 살펴보면 불신자의 시대, 불신자의 나라가 훨씬 많았는데 이렇게 보면 약 3% 정도나 구원받았을 거 같은데 하나님은 이토록 무능한 분이야?

성도 아! 이거 하나같이 어려운 질문들이다. 지성아! 우리 인간들은 모두 다 영원한 멸망을 받을 수밖에 없는 죄인들이야! 그런데, 예수님이 십자가에서 우리의 죄값을 대신 치르신 것을 믿음으로 구원받은 거지! 우리는 단지 그 은혜에 감사할 뿐 멸망할 수밖에 없는 죄인이 더 이상 무슨 할 말이 있겠어!

---

4) 심화토론의 4. 영생은 영원한 생명을 영벌은 영원한 형벌을 의미하는가? 관련 내용 기술
5) 심화토론의 4. 영생은 영원한 생명을 영벌은 영원한 형벌을 의미하는가? 관련 내용 기술

지성 그러니까 네 말은 어떠한 이유에서건 상관없이 인류 역사에서 예수
님을 영접하지 못한 모든 사람들은 전부 용광로 같은 지옥에서 영
원히 산다는 거지? 이거는 뭐 완전히 인간은 태어난 것 자체가 저주
네! 성도야! 네가 아무리 하나님이 사랑의 하나님이라고. 해도 나
는 못 받아들이겠다.

성도 음~~~~ 그래도, 하나님은 널 사랑하시는데…….

　성도는 지성과 헤어진 후 집에 가서도 답답함에 아무것도 할 수가 없
다. 지성의 말이 하루 종일 머리 속을 헤집고 다닌다. 곱씹을수록 하나
님이 정말 사랑의 하나님이라고 할 수 있는지 모르겠다는 생각이 머릿
속에 계속 맴돈다.

　이에 성도는 성경에 대해 깊은 이해를 가지고 계시는 성경 선생님께
전화를 하여 지성과 함께 만나서 지성이 제기한 여러 가지 질문들을 가
지고 함께 나누어 보기로 약속을 한다. 그리고, 성경 선생님 사무실을 지
성과 함께 방문한다.

성도 성경 선생님! 안녕하세요? 제가 말씀드렸던 친구인 지성이와 함께
선생님께 몇 가지 궁금한 것을 여쭤보려고 찾아왔습니다.

성경 잘 왔어요. 지성 씨가 참 쉽지 않은 질문들을 했더군요. 성도 씨가
꽤나 난감했을 것 같아요. 사실 목사님들을 포함해 대부분의 성도
들에게 풀기 어려운 숙제 같은 질문들이거든요. 수많은 목사님들도
이 문제를 다루기 어려워서 말을 하지 않을 뿐 마음속으로는 성도
씨나 지성 씨와 같은 생각을 하시는 분들이 많을 거예요! 다만, 그

분들은 삶 속에서 좋으신 하나님을 수없이 체험했고 또 분명히 성경에 하나님은 좋으신 분이라고 말씀하고 있으니 그 말씀을 믿고 침묵하고 있는 질문들인 거죠.

성도 저는 분명히 좋으신 하나님을 믿지만 제가 지성이에게 답변을 하기에는 너무 어려운 질문들이더라고요. 그래서, 지성이를 선생님께 데리고 왔어요.

지성 선생님! 정말 제가 성도에게 했던 질문에 대해 답변을 주실 수 있는 건가요? 저도 예전에 교회 좀 다녀 봐서 아는데 답변 불가능하실 텐데…….

성경 쉽지 않은 질문들이지만 성경은 분명히 그 답을 가지고 있을 거예요. 우리는 지금부터 그 답을 찾아가는 탐험을 해나갈 겁니다. 마음의 준비 단단히 하셔야 합니다. 특별히 성도 씨는 더욱더 단단히 마음의 준비를 해야 합니다.

성도 제가 마음의 준비를 단단히 해야 한다고요? 지성이가 아니고요?

성경 네! 성도 씨가 특별히 더 마음의 준비를 해야 합니다. 우리가 지금부터 성경을 탐험해 나갈 텐데, 이 탐험은 자신이 배워서 알고 있다고 생각하는 교리부터 내려놓아야 해요. 교리는 성경이 아니죠! 교리는 단지 성경을 보는 관점일 뿐이에요. 그래서, 성도 씨가 특별히 더 마음의 준비를 단단히 해야 합니다. 우리가 토론할 때는 이 말이 정말 교리적인가를 보지 않고 성경적인가만 볼 겁니다.

성도 네! 알겠습니다.

성경 지성 씨! 지성 씨는 하나님이 어떤 분이라고 생각하나요? 그 대답이 어려우면 이렇게 질문해 보죠. 사람들이 하나님에 대해서 말할 때 하나님을 어떤 분이라고 말하던가요?

지성 하나님은 사랑이 많은 분이라고 얘기하죠! 저는 뭐 별로 공감하지 않지만······.

성경 맞아요! 성경에서 말하는 하나님을 대표하는 두 가지 성품이 있는데, 바로 공의와 사랑이에요! 이것을 부정하는 성도는 아무도 없을 거예요.

사랑하지 아니하는 자는 하나님을 알지 못하나니 이는 하나님은 사랑이심이라 (요한일서 4장 8절)
의와 공의가 주의 보좌의 기초라 인자함과 진실함이 주 앞에 있나이다 (시편 89편 14절)

성경 그럼, 이쯤에서 한번 생각해 볼까요? 하나님의 성품을 계시하고 있는 성경을 통해 알게 된 우리의 지식이 하나님의 성품과 맞지 않는다면 과연 그 지식은 옳은 것이라고 할 수 있을까요? 우리가 알고 있는 교리가 하나님의 성품을 투영하지 못한다면 그 교리가 과연 성경적이라고 할 수 있을까요? 무언가 우리가 혹시 놓친 것은 없는 걸까요?
우리는 교리적이 되어서는 안 돼요. 물론 교리가 권위 있는 종교개혁자들을 통해서 만들어지고 성격학자들을 통해 체계화되어 왔다고 하더라도 교리는 성경이 아니지요. 오직 성경만이 하나님께서 우리에게 주신 유일한 진리이고 지침서인 거죠. 그 교리가 성경에서 말씀하고 계신 메시지와 다르게 보인다면 우리는 끊임없는 씨름을 통해 진리에 도달하려고 애써야 하는 거죠.

베뢰아에 있는 사람들은 데살로니가에 있는 사람들보다 더 너그러워서 간절한 마음으로 말씀을 받고 이것이 그러한가 하여 날마다 성경을 상고하므로 (사도행전 17장 11절)

우리는 이천 년 전 초대 교회 때 베뢰아에 살던 사람들처럼 성경을 온전히 알고자 날마다 더욱 묵상하고 연구해야 해요. 성도 씨! 성경을 묵상하고 연구하는 몇 가지 지침들이 있는데 아시는 대로 말씀해 주실 수 있을까요?

성도 네! 성경을 묵상하고 연구하는 지침에 대해 세 가지 정도 알고 있습니다.

첫째로, 성경의 특정 부분만 읽고 떼어서 교리를 만들지 말고 각 권의 문맥을 통해 성경을 보아야 합니다. 특정 부분만 떼어내서 자신의 주장을 합리화할 수 있기 때문인 거 같아요. 이단이 이런 식으로 많이 한다는 얘기를 들었어요.

둘째로, 성경은 번역상의 오류가 있을 수 있으므로 필요한 경우 원문이나 주석을 보아야 더 온전한 해석을 할 수 있다고 합니다. 특별히 번역할 때, 역자의 성경에 대한 관점이 알게 모르게 많이 반영될 수 있다고 하더라고요.

셋째로, 성경 각 권에는 원저술자가 있는데 저술자가 무엇을 말하고 싶은 것인지를 파악하는 것이 중요하다고 합니다. 예를 들어, 신약에서 편지로 이루어진 성경의 경우 각 편지를 쓴 목적이 있다고 하더라고요.

성경 역시 성도 씨 잘 알고 계시군요! 그런데, 사실 이러한 성경 연구의 수많은 지침에서 결코 잊어서는 안 될 한 가지가 있습니다. 성경의 진짜 저자는 바로 하나님이라는 거예요. 저술자가 하나님의 주신 감동과 생각에 따라 쓴 글이 나중에 성경이 된 거예요. 결국, 성경에는 하나님의 성품이 투영되어 있을 수밖에 없는 거죠. 따라서, 문맥과 원문과 저술자의 의도까지 다 파악해서 성경을 읽고 교리를 만들더라도 하나님의 성품이 투영되지 못하거나 불완전하게 투영된다면 그것은 무엇인가 잘못된 것이거나 부족한 것일 수밖에 없는 거죠. 하나님의 성품이 온전히 투영되지 못한 채 성경이 해석되었다면 우리는 무엇인가 놓쳤다고 보는 것이 타당하겠죠.

성도 하나님의 성품이 성경에 투영되어 있으므로, 교리 역시 하나님의 성품이 투영되어야 한다는 말씀은 당연한 듯하지만 쉽게 놓치게 되는 부분인 것 같습니다.

2.

교리는
하나님의 성품을 반영하고 있는가?

성경 우리는 습관적으로 성경을 읽을 때 하나님의 성품이라는 거울은 제
쳐 두고 교리라는 거울을 통해서 성경을 보게 되죠! 머릿속에 깊이
각인되어 체계화되어 있는 교리로 성경을 보게 되어 때로는 그 의
미를 희석시키기도 하고 왜곡시킬 수도 있어요. 교리가 성경을 보
는 시금석이 되어 버리는 거지요.

그래서, 나는 교리를 하나님 성품이라는 거울을 통해서 보고자 해
요. 개신교의 대표적인 두 교리인 칼빈주의와 알미니안주의 교리
그리고 천주교의 교리가 과연 하나님의 성품을 온전히 투영하고 있
는지를 보고자 합니다.

지성 씨께서는 혹시 천주교에 대해서 어떻게 생각하세요?

지성 사실 개독교라는 욕 많이 먹잖아요. 뉴스를 보면 교회 다닌다는 사
람들이 거짓말을 밥 먹듯이 하고 돈 욕심, 권력 욕심은 뭐 별반 저
회나 다를 것도 없고요. 그래도, 천주교는 덜 욕먹는 거 같아요. 사

람들을 개인적으로 만나 봐도 더 착한 거 같고⋯⋯.

성경 저도 개신교에 속해 있는데 부끄럽네요. 그만큼, 신자들이 세상 사람들에게 선한 영향력을 끼치지 못하고 있다는 말이 되는 거니까요. 그럼, 천주교 교리에 대해 살펴볼까요?

천주교에서는 "천주존재, 상선악벌, 삼위일체, 강생구속"의 이 네 가지를 천주교 4대 교리라고 해요.

천주존재(天主存在)는 하나님은 만물이 있기 전부터 항상 계시고, 모든 만물을 창조하신 완전하고 무한한 분이라는 교리예요.

상선벌악(賞善罰惡)은 하나님은 죽은 후 선한 일을 행한 사람에게는 상을 끝없이 주시고, 악한 일을 행한 사람에게는 벌을 끝없이 주신다는 교리예요.

삼위일체(三位一體)는 하나님은 다만 한 분이 계시지만 위로서는 세 위를 포함하여 계시니, 즉 성부, 성자, 성령이라는 교리예요.

강생구속(降生救贖)은 처음에 아담과 하와가 범죄한 후 모든 사람은 원죄로 인하여, 천국에 들어가지 못하게 되었으나, 예수님께서 이 모든 죄를 없애기 위하여 세상에 오시어 사람이 되시고 십자가 상에 죽으심으로써 구속사업을 완성하셨으므로, 누구든지 믿고 세례를 받으면 그 구속공로로 천국에 들어가게 된다는 교리예요.

천주교의 상선벌악 교리를 제외한 다른 교리는 개신교의 교리와 다르지 않아요. 그러나, 상선벌악의 교리가 믿음을 통한 구원을 강조하는 개신교의 교리와 많이 다르죠.

이 교리에 의하면 예수님의 대속을 믿는 것만으로는 천국에 갈 수 없어요. 예수님을 영접 후 선을 많이 쌓아야 천국에 갈 수 있죠. 그래서, 천주교에서는 일부 성자만이 죽어서 바로 천국에 들어갈 것이라고 믿어요. 그러나, 성경에서 천국은 믿음으로 가는 것이지 행위로 가는 것이 아니라고 명백히 말하고 있어요.

너희가 그 은혜를 인하여 믿음으로 말미암아 구원을 얻었나니 이것이 너희에게서 난 것이 아니요 하나님의 선물이라 **행위에서 난 것이 아니니** 이는 누구든지 자랑치 못하게 함이니라 (에베소서 2장 8절 ~ 9절)

지성 선생님께서 대속이라는 말씀을 하셨는데 그 의미를 알 것도 같고 모를 것도 같고 애매하네요. 좀 설명해 주실 수 있을까요?
성경 아, 네! 예수님께서 우리의 죄값을 치르기 위해 십자가를 지셨잖아요. 대속은 이것을 믿음으로 우리의 죄가 모두 용서받았다는 거예요.

우리는 그리스도 안에서 그의 은혜의 풍성함을 따라 그의 피로 말미암아 속량 (대속) 곧 죄 사함을 받았느니라 (에베소서 1장 7절)

하나님은 완전히 거룩하신 분이기 때문에 그분 앞에 우리는 죄가 있는 상태로는 하나님 앞에 설 수 없어요. 그러나, 대속받은 상태로는 하나님 앞에 모든 죄가 용서되어 죄가 없는 상태가 되므로 설 수 있게 되는 것이죠.
지성 성경의 가장 기본적인 가르침이군요. 이제는 정확히 이해했습니다.
성경 천주교의 선행교리에 의하면 아버지를 떠나 세상의 쾌락을 즐기며 살다가 아버지 품으로 돌아온 탕자는 바로 자녀로서의 완전한 축복을 누릴 수 없고 고행의 삶으로써 지었던 죄에 대한 대가를 치러야 하죠. 그러나, 돌아온 탕자의 아버지는 그의 죄에 대해 어떠한 것도 기억하지 않으시고 기뻐하시며 잔치를 여시고, 자녀로서의 지위를 곧바로 완전하게 회복시켜 주시는 것을 볼 수 있죠.

아들이 이르되 아버지 **내가 하늘과 아버지께 죄를 지었사오니** 지금부터는 아버지의 아들이라 일컬음을 감당하지 못하겠나이다 하나 아버지는 종들에게 이르되 **제일 좋은 옷을 내어다가 입히고 손에 가락지를 끼우고 발에 신을 신기라** (누가복음 15장 21절 ~ 22절)

천주교에서는 "신자의 지은 모든 죄에 대해 살아 있을 때 보속을 해야 하며 보속이 이루어지지 않은 죄에 대해 연옥에서 보속을 해야 한다."고 가르칩니다. 이러한 보속의 교리는 인간의 연약함을 아시고 회개로 나오는 자를 한량없이 용서하시기를 원하시는 하나님의 긍휼의 마음과도 맞지 않아 보이네요.

그때에 베드로가 나아와 가로되 주여 형제가 내게 죄를 범하면 몇 번이나 용서하여 주리이까 일곱번까지 하오리이까 예수께서 가라사대 네게 이르노니 일곱 번뿐 아니라 일흔 번씩 일곱 번이라도 할찌니라 (마태복음 18장 21절 ~ 22절)

이로 인해, 천주교의 하나님을 믿는 신자들은 죽을 때까지 천국에 가는지를 확신하지 못하며 두려워하죠. 이는 하나님을 믿는 자녀들에게 하나님의 나라를 부으셔서 생명과 평안 가운데 거하기를 원하시는 하나님의 마음과도 부합하지 않죠.

하나님의 나라는 여기있다 저기 있다고도 못하리니 하나님의 나라는 너희 안에 있느니라 (누가복음 17장 21절)
하나님의 나라는 먹는 것과 마시는 것이 아니요 오직 성령 안에 있는 의와 평강과 희락이라 (로마서 14장 17절)

지성 그래도, 천주교를 믿는 사람들은 개신교를 믿는 사람들보다 착한 사람들이 많은 것 같아요. 선행도 더 많이 하고요. 선생님 말씀을 들어 보니 오히려 "상선악벌"의 교리로 인해 더 착하게 사는 것일 수도 있겠네요. 그들 개개인은 죽기까지 불안해하며 살겠지만요.

성경 네! 부인할 수 없네요. 개신교에 만연해 있는 예수님을 믿기만 하면 구원받는다는 "오직 믿음"의 이 잘못된 신앙은 신자들의 삶이 세상 사람들과 별반 다를 것이 없게 만드는 이유이기도 하고요.

성도 선생님! "오직 믿음" 맞는 거 아닌가요? 예수님을 믿기만 하면 구원받는 거 맞지 않나요?

성경 믿음으로 구원받는 것은 맞지만 믿기만 해서는 구원을 받을 수 없죠. 믿음으로 받는 것이기에 신자에게 행함이 필요 없다는 의미는 전혀 아니에요. 야고가 믿음이 행함으로 다시 말하면 신자의 삶으로써 증거되지 못한다면 그 믿음은 죽은 것이라고 분명히 경고하고 있죠. 한마디로 참 신자가 아닌 가짜 성도라는 의미죠.

영혼 없는 몸이 죽은 것같이 행함이 없는 믿음은 죽은 것이니라 (야고보서 2장 26절)

그렇다면 천주교의 상선벌악의 교리와 야고보의 경고의 본질적 차이는 무엇일까요? 천주교의 교리는 예수님의 대속을 믿음으로 구원받을 수 있는 상태가 되었지만 선행과 악행이라는 행위를 보고 하나님이 구원을 하실지 심판을 하실지 결정합니다. 따라서, 그 행위에 따라 하나님이 판단하실 때 천국에 가기에 충분한 선행의 삶을 살아오지 않았고, 지옥에 가기에 충분히 악한 삶을 살지 않은 자는 그 죄의 대가를 치르면서 하나님의 은혜를 기다리는 연옥의 교리를 만들게 되었죠. 그러나, 개신교에서는 믿음을 통한 구원을 말하는데 이 믿음은 단순히 예수님을 구주로 믿기만 하면 얻는 구원이 아니에요.

그러므로 형제들아 더욱 힘써 너희 부르심과 택하심을 굳게 하라 너희가 이것을 행한즉 언제든지 실족지 아니하리라 이같이 하면 우리 **주 곧 구주** 예수 그리스도의 영원한 나라에 들어감을 넉넉히 너희에게 주시리라 (베드로후서 1장 11절 ~ 12절)
너희가 나무에 달아 죽인 예수를 우리 조상의 하나님이 살리시고 이스라엘로 회개케 하사 죄 사함을 얻게 하시려고 그를 오른손으로 높이사 **임금과 구주**를 삼으셨느니라 (사도행전 5장 31절 ~ 32절)
가로되 **주** 예수를 믿으라 그리하면 너와 네 집이 구원을 얻으리라 하고 (사도행전 16장 31절)

믿음의 대상인 예수님을 나의 주인이시고 내 삶의 주권자이신 **"주"**와 **"임금"**으로 받아들이는 것을 말하는 거예요. 즉, 예수님을 믿는 자의 죄값을 십자가에서 대신 치르신 구원의 주 다른 말로는 구주로서만 믿는 것이 아니라, **예수님을 믿는 자의 삶에 있어서 임금과 주인으로서 평생 섬기며 순종해야 할 대상으로서** 믿는 것을 말하는 거죠. 따라서, 이 믿음을 소유하게 될 때 믿음이 행위로 나타나 구원에 이르는 진짜 믿음임을 확증하게 되며, 이 믿음을 소유하게 되면 단번에 구원받은 천국 백성이 되는 것이죠. 또한, 연약함으로 인해 죄를 짓는 경우가 있겠지만 이 믿음 안에 머물러 있다면 그는 여전히 아버지의 자녀가 됩니다. 그리고, 한동안 믿음을 잃을 때가 있더라도 이 믿음 안으로 돌이킨다면 그는 구원을 회복하게 되죠.

성도 저는 예수님을 믿고 있기 때문에 아무리 많은 죄를 지어도 다 용서가 되고 천국에 가는 것이라고 알고 있었는데 아닌가요?

성경 물론 하나님의 긍휼은 한량없으시죠. 그러나, 죄에 대한 경각심이 없이 면죄부라도 받았다고 믿고 있다면 성도라 할 수 없죠. 이것은 종이 주인을 섬기는 태도가 아니죠!

지성 저도 상식적인 선에서 선생님 말씀에 동의합니다. 제 친구가 제가 착한 것 믿고 맨날 나를 이용하려고만 한다면 화날 거 같아요.

성경 다음은 개신교의 교리들을 살펴볼 거예요. 먼저 칼빈주의 교리를 살펴볼까요? 칼빈주의 교리에는 5대 강령이 있어요. 성도 씨 혹시 칼빈주의 5대 강령을 아시나요? 아시면 한번 말씀해 주실래요?

성도 네! 칼빈주의 5대 강령은 "전적 타락, 무조건적 선택, 제한적 속죄,

불가항력적 은혜, 성도의 견인"을 말하는데요! 칼빈주의 5대 강령을 풀어서 표현하면 이렇게 됩니다.

인간은 완전히 타락했기 때문에 하나님께 나올 능력이 전혀 없고 (전적 타락) 오직 하나님께서 주권적으로 선택(무조건적 선택)한 자들만 회개하여(제한적 속죄) 반드시 예수님을 믿게 되어 있고(불가항력적 은혜) 한번 믿은 자는 영원히 절대로 버림받지 않는다(성도의 견인).

성경 잘 알고 계시네요! 지성 씨, 이 교리에서 하나님의 사랑 또는 하나님의 공의가 느껴지시나요?

지성 이 말의 의미는 구원받을 자는 이미 정해져 있고 피할 수 없는 운명이라는 뜻 같은데 맞나요? 마찬가지로 영원한 지옥에 갈 자는 이미 정해져 있고 피할 수 없는 운명이라는 말이고요! 이 교리에 의하면 인간의 구원을 향한 갈망이 개입할 여지는 전혀 없네요! 누군가 내가 왜 영원한 지옥에 있어야 하는지 하나님께 항변하면 하나님께서는 뭐라고 대답하실지 매우 궁금하네요! 제가 이해되기는 "하나님 맘대로다." 이거 같은데 완전히 독선적인 하나님으로밖에 안 보이네요. 이래서 제가 교회 가기 싫은 겁니다.

성경 칼빈교리에서 하나님의 주권적 선택에 대해 대표적으로 인용하는 말씀이 로마서 9장의 토기장이 비유예요. 토기장이를 하나님에 비유한 건데 "토기장이가 그릇을 만들 때 원하는 대로 만들 수 있는 권한이 있다." 다른 말로 하면 누구는 택하고 누구는 버릴 권한이 있다는 말씀이지요. 그리고, 모든 인류는 이미 죄 가운데 있기 때문에 특별한 은혜로 선택하여 구원받은 자들이 있다는 말씀이지요.

이것을 신학적인 용어로 "운명예정론"이라고 하지요!

토기장이가 진흙 한 덩이로 하나는 귀히 쓸 그릇을, 하나는 천히 쓸 그릇을 만들 권한이 없느냐 만일 하나님이 그의 진노를 보이시고 그의 능력을 알게 하고자 하사 멸하기로 준비된 진노의 그릇을 오래 참으심으로 관용하시고 또한 영광 받기로 예비하신 바 긍휼의 그릇에 대하여 그 영광의 풍성함을 알게 하고자 하셨을지라도 무슨 말을 하리요 이 그릇은 우리니 곧 유대인 중에서 뿐 아니라 이방인 중에서도 부르신 자니라 (로마서 9장 21절 ~ 24절)

성도 씨는 이 운명예정론에 대해 어떻게 생각하세요?

성도 사실 저는 제 자신의 연약함과 하나님의 주권적인 은혜로 말미암은 구원을 절실히 느낍니다. 저는 앞으로도 죄를 짓는 일이 많을 거예요. 그러나, 한번 택한 사람은 절대로 버림받지 않고 천국에 간다고 가르침을 받아 왔어요. 우리의 약함을 아시는 주님께서 나를 책임져 주시고 결코 버리지 않으실 것이기 때문이라고 배웠어요. 혹시 내가 주님을 떠날지라도 주님은 내가 죽기 전에 반드시 돌이키실 것이라는 것인데 이 얼마나 큰 사랑이고 은혜입니까?

지성 누구를 위한 사랑이고 누구를 위한 은혜야? 오직 너 같은 택함 받은 사람들만을 위한 것 아닌가? 성도 너는 물론 구원받겠지만 그렇다고 버림받은 사람을 당연하다고 여기는 것은 너무 이기적인 것 아니야? 칼빈교리에 의한 하나님은 일방적 선택에 의해 구원받은 자에게만 사랑과 공의의 하나님이잖아! 나 같은 불신자에게 칼빈교리의 하나님은 잔인한 하나님으로 느껴지지 않을까?

성도 지성아! 듣기가 너무 힘들다. 내가 믿는 하나님이 비방받는 것 같아서……….

성경 이것은 하나님을 비방하는 문제는 아니죠. 칼빈교리라는 거울을 통해서 본 하나님에 대한 생각을 토론한 것이죠. 저는 하나님께서 오해받으시는 것을 원하지 않습니다. 반대로 칼빈주의를 하나님의 성품인 사랑과 공의라는 거울을 통해 볼 때, 사랑의 하나님으로 느끼기는 쉽지 않아 보입니다.

지성 저는 천주교나 개신교 교리보다는 성경에서 하나님에 대해서 뭐라고 말하는지에 대해 더 관심 있습니다. 이런 면에서 선생님 말씀이 새롭게 다가오네요.

성경 네! 그럼 이번에는 알미니안주의 교리를 하나님의 성품이라는 거울로 살펴볼까요? 알미니안주의는 칼빈주의에 대한 비판으로부터 시작되어 칼빈주의 5대 강령에 대응하는 5대 강령으로 이루어져 있습니다. 알미니안주의 5대 강령은 "부분적 타락, 조건적 선택, 보편적 속죄, 가항적 은총, 탈락 가능성"입니다. 알미니안주의 5대 강령을 풀어서 표현하면 이렇게 됩니다.

인간은 하나님을 믿지 못할 만큼 타락한 것은 아니며 자신의 자유의지로 하나님을 믿기로 선택할 수 있으며(부분적 타락) 오직 하나님께서 누가 복음을 받아들일지 미리 아시고 선택하시며(조건적 선택) 예수님의 십자가는 모든 인류를 위한 속죄로서(보편적 속죄) 인간 스스로 하나님의 은총을 거부할 수 있으며(가항적 은혜) 한번 구원받은 사람도 버림받을 수 있다(탈락 가능성).

알미니안 주의는 구원을 인간의 자유의지가 하나님의 인격적 부르심에 대해 반응하는 것에 초점을 둠으로 칼빈주의보다는 하나님의 성품과 하나님과 인간 간의 관계성에 대해 잘 설명해 주고 있다고 볼 수 있죠.

그리고, 하나님은 인간이 하나님의 구원으로의 초대에 대해 믿음으로 반응할지 미리 아신다는 의미에서 "예지예정론"이라고 합니다.

지성 네! 제가 듣기에는 알미니안주의 관점의 하나님이 칼빈주의 관점의 하나님보다는 이성적으로 받아들이기가 쉽네요. 결국 하나님께서 우리를 구원으로 부르시고 우리가 그 부르심에 응답할지는 우리 인간의 몫이라는 거잖아요. 그래도, 구원에의 초청을 거절하면 지옥 간다는 것 같은데 너무 억울한 것 같아요.

성경 그 초청은 단순한 구원으로의 초청이 아니에요. 죄를 좇고 즐기던 삶을 포기하고 예수님을 구원자로 믿고 내 삶의 주인으로 모시고 예수님의 뜻대로 살겠다는 결단의 초청이에요. 과거의 삶대로 살겠다면서 면죄부를 받은 것처럼 믿는다면 예수님의 구원으로의 초청을 받아들인 것이 아니지요.

지성 네! 참된 구원의 믿음은 착하게 살겠다는 결단이 함께한다. 맞는 말씀인 것 같네요. 그렇다고 해도 그렇게 인격적인 하나님의 초청이 일부에만 영향을 미칠 수밖에 없다는 것이 현실 아닌가요? 역사적으로도 기독교가 받아들여진 나라와 민족의 비율과 오늘날의 기독교가 들어간 나라의 비율만 생각해 봐도 이러한 구원의 초대를 받지 못한 사람들의 비율이 훨씬 높을 거잖아요! 알미니안 관점의 하나님에도 공감하기는 쉽지 않네요!

왜, 대부분의 인류가 끔찍한 지옥에 가는 것을 하나님께서는 방관하시나요?
진리를 추구하고, 선을 추구한 자들이 복음을 들어보지 못했다는 이유로 왜 지옥에 가야 하나요?
어린아이들은 무슨 죄가 있어서 지옥에 가야 하나요?

성경 당연히 할 만한 지적입니다. 성경에서는 죽고 나면 심판이 있다고 하고 예수님을 통하지 않고는 천국에 갈 수 없다고 하고 있지요!

한번 죽는 것은 사람에게 정하신 것이요 그 후에는 심판이 있으리니 (히브리서 9장 27절)
예수께서 가라사대 내가 곧 길이요 진리요 생명이니 나로 말미암지 않고는 아버지께로 올 자가 없느니라 (요한복음 14장 6절)

우리는 죽음 이후에는 천국과 지옥으로 갈리며, 오직 예수님의 대속의 십자가를 믿는 것 외에는 구원의 길이 없다고 명백히 성경에서 말하고 있다고 배워 왔는데 더 이상 무슨 말을 할 수 있겠어요. 이렇게 볼 때, 알미니안 주의의 하나님은 인격적이고 인간의 의지를 존중하시는 선한 분이지만 수많은 사람들이 지옥에 가는 것을 방관하시는 하나님이 되어 버리죠. 우리가 알고 있는 전능한 하나님은 무능한 하나님이 되어 버리는 것입니다. 하나님의 제한된 사랑에 대해 한계를 느낄 수밖에 없죠.

지성 천주교와 개신교의 교리를 모두 살펴 보았는데 불신자인 저의 입장에서는 어느 교리도 마음의 답답함과 거부감을 떨쳐 버릴 수가 없게 하네요. 이유가 뭘까요?

성경 지성 씨가 들고 왔던 수많은 질문들에 대해 기독교의 어떠한 교리도 납득 가능하게 설명해 주지 못하고 있기 때문 아닐까요? 본질적인 문제인 구원의 문제, 특별히 의지적 불신자이건 불가항적 불신자이건 죽은 수많은 불신자들에 대한 구원의 문제 때문 아닐까요? 우리가 하고자 하는 탐험은 바로 이 구원의 문제에 대한 성경적 고찰이 될 겁니다.

3.

하나님의 성품 관점에서
구원은 어떻게 이해되어야 하나?

성경 지금까지 하나님의 성품이라는 거울로 개신교와 천주교의 교리를 살펴봤어요. 그리고, 교리가 하나님의 성품을 온전히 보여 주지 못하고 있음도 봤어요. 그렇다면, 혹시 우리가 성경 안에서 발견하지 못한 하나님을 더욱 온전하게 계시하여 주는 무엇인가가 있지 않을까요?

성경 안에서 하나님의 성품을 대표하는 특성은 사랑과 공의라고 말했어요. 그렇다면, 구원에 있어서 하나님의 사랑은 무엇일까요?

하나님께서는 인류를 계획하시고 복 주시기를 원하셨어요. 그러나, 아담의 범죄로 인하여 온 인류에 죄의 씨앗이 들어왔어요. 그리하여, 어떠한 사람도 죄로부터 자유로운 자가 없습니다. 그런 인류를 위해 예수님께서 우리의 죄를 대속하기 위해 십자가에 못 박혀 돌아가셨지요. 그리고, 이 복음은 유대인뿐 아니라 이방인에게까지 미치게 되었지요. 그리고, 베드로와 바울은 하나님의 마음에 대해 담대하게 말하고 있는 거예요.

주의 약속은 어떤 이들이 더디다고 생각하는 것 같이 더딘 것이 아니라 오직 주께서는 너희를 대하여 오래 참으사 아무도 멸망하지 아니하고 다 회개하기에 이르기를 원하시느니라 (베드로후서 3장 9절)
하나님은 모든 사람이 구원을 받으며 진리를 아는 데 이르기를 원하시느니라 (디모데전서 2장 4절)

"모든 인류가 멸망을 선택하지 않고 회개하여 구원을 받는 것이 하나님의 마음이다."

베드로와 바울의 고백을 하나님의 마음을 있는 그대로 표현한 진리라고 믿는다면 하나님은 모든 인류가 멸망을 선택하지 않고 구원받기를 원하는 마음만 있고 아무런 계획도 없다고 생각하는 것이 맞는 것일까요? 오히려 우리가 알지 못하는 무엇인가 예비하시고 있을 것이라고 믿는 것이 더 합당하지 않을까요?
신학자들은 아래 로마서 1장의 성경구절에 근거하여 모든 인류에게 핑계하지 못할 정도의 구원의 기회를 이미 주셨다고 말하고 있어요.

이는 하나님을 알 만한 것이 저희 속에 보임이라 하나님께서 이를 저희에게 보이셨느니라 창세로부터 그의 보이지 아니하는 것들 곧 그의 영원하신 능력과 신성이 그 만드신 만물에 분명히 보여 알게 되나니 그러므로 저희가 핑계치 못할지니 (로마서 1장 19절 ~ 20절)

그러면, 동일한 로마서에서 말하는 이 구절은 어떠한가요?

그런즉 저희가 믿지 아니하는 이를 어찌 부르리요 듣지도 못한 이를 어찌 믿으리요 전파하는 자가 없이 어찌 들으리요 (로마서 10장 14절)

들은 적도 없는 자가 어떻게 예수님의 대속을 알고 믿겠어요? 누군가 전파를 해야 믿을 수 있다는 것은 너무나도 명백하고 상식적인 사실이 아닌가요? 그렇다면, 우리가 알 수 없는 어떠한 방법으로 불신자들에게 복음을 들을 기회가 주어져야 된다고 여기는 것은 마땅한 일이 아닌가요?

지성 제가 하는 말이 그겁니다. 예수님에 대해 한 번도 들어 본 적도 없는 자가 영원한 지옥에 있어야 한다는 것은 아무리 생각해 봐도 말이 안 됩니다. 저는 이런 이유로 하나님을 사랑의 하나님으로 믿을 수가 없는 겁니다.

성경 이번에는, 구원에 있어 하나님의 공의는 무엇인지 살펴볼게요.

하나님이 세상을 이처럼 사랑하사 독생자를 주셨으니 **누구든지** 저를 믿는 자마다 멸망치 않고 영생을 얻게 하려 하심이니라 (요한복음 3장 16절)

요한복음 3장 16절에서 보면, **누구든지** 믿는 자는 구원을 주신다고 하고 있습니다. 그런데, 이 **누구든지**가 문제이지요. 진정 **누구든지**가 되기 위해서는 복음을 들어봐야 하는 것 아닌가요? 복음을 들어보지 않는다면 **누구든지**에 해당하지 않게 되는 것 아닌가요? 하나님이 구원에 있어 지옥 갈 자에게 핑계치 못하게 하시려면 **누구든지** 예외 없이 복음을 영접할 기회가 주어져야 하는 것 아닌가요?

인자가 자기 영광으로 모든 천사와 함께 올 때에 자기 영광의 보좌에 앉으리니 모든 민족을 그 앞에 모으고 각각 분별하기를 목자가 양과 염소를 분별하는 것 같이 하여 **양은 그 오른편에, 염소는 왼편에 두리라** (마태복음 25장 31절 ~ 33절)

마태복음 25장은 최후의 심판의 말씀이라고 하는데 요한계시록 20장 11절 ~ 15절에 나오는 백보좌 심판으로 보고 있지요. 심판석에 예수님께서 앉으실 때 양과 염소를 분별하는데 모든 민족을 그 앞에 모으는 것으로 볼 때 최후의 심판이 명백함을 알 수 있죠. 그런데, 최후의 심판석에서 분별되는 자들은 양과 염소입니다. 불신자는 양일까요? 염소일까요? 불신자는 염소가 아닙니다. 염소는 신자인 양처럼 보이지만 양처럼 온순하여 목자를 따르는 자들이 아닌 목자의 말을 따르지 않고 제 고집대로 행하는 자들을 말하거든요.

그 때에 임금이 그 오른편에 있는 자들에게 이르시되 내 아버지께 복 받을 자들이여 나아와 창세로부터 너희를 위하여 예비된 나라를 상속받으라 **내가 주릴 때에 너희가 먹을 것을 주었고 목마를 때에 마시게 하였고 나그**

네 되었을 때에 영접하였고 벗었을 때에 옷을 입혔고 병들었을 때에 돌아보았고 옥에 갇혔을 때에 와서 보았느니라 이에 의인들이 대답하여 가로되 주여 우리가 어느 때에 주의 주리신 것을 보고 공궤하였으며 목마르신 것을 보고 마시게 하였나이까 어느 때에 나그네 되신 것을 보고 영접하였으며 벗으신 것을 보고 옷 입혔나이까 어느 때에 병드신 것이나 옥에 갇히신 것을 보고 가서 뵈었나이까 하리니 임금이 대답하여 가라사대 내가 진실로 너희에게 이르노니 너희가 여기 내 형제 중에 지극히 작은 자 하나에게 한 것이 곧 내게 한 것이니라 하시고 또 왼편에 있는 자들에게 이르시되 저주를 받은 자들아 나를 떠나 마귀와 그 사자들을 위하여 예비된 영영한 불에 들어가라 **내가 주릴 때에 너희가 먹을 것을 주지 아니하였고 목마를 때에 마시게 하지 아니하였고 나그네 되었을 때에 영접하지 아니하였고 벗었을 때에 옷 입히지 아니하였고 병들었을 때와 옥에 갇혔을 때에 돌아보지 아니하였느니라** 하시니 저희도 대답하여 가로되 주여 우리가 어느 때에 주의 주리신 것이나 목마르신 것이나 나그네 되신 것이나 벗으신 것이나 병드신 것이나 옥에 갇히신 것을 보고 공양치 아니하더이까 이에 임금이 대답하여 가라사대 내가 진실로 너희에게 이르노니 이 지극히 작은 자 하나에게 하지 아니한 것이 곧 내게 하지 아니한 것이니라 하시리니 (마태복음 25장 35절 ~ 45절)

양과 염소를 분리하실 때 이들에게 믿음이 있는지 묻지 않으십니다. 왜냐하면, 이들은 이미 왕이신 예수님을 믿는 자들이기 때문입니다. 그래서, 이들은 왕을 **"주여"**라고 말하고 있어요. 이미 이들은 예수님을 주라고 하고 있는 겁니다. 그러나, 예수님은 이들에게 "사랑을 실천하였느냐?"만을 물으십니다. **왜일까요? 최후의 심판대 앞에서는 "예수님을 주라 하지 않는 자" 다시 말해 불신자는 없기 때문은 아닐까요?**

이와 연결되는 다음 성경구절에서 이것은 더욱 명확해집니다.

그 날에 많은 사람이 나더러 이르되 주여 주여 우리가 주의 이름으로 선지자 노릇하며 **주의 이름으로 귀신을 쫓아 내며 주의 이름으로 많은 권능을 행치 아니하였나이까** 하리니 그때에 내가 저희에게 밝히 말하되 내가 너희를 도무지 알지 못하니 불법을 행하는 자들아 내게서 떠나가라 하리라 (마태복음 7장 22절 ~ 23절)

이 구절 역시 최후의 심판에 대한 성경구절인데 역시 주의 이름으로 많은 권능을 행한 자들을 불법을 행한 자들이라고 하십니다.
백보좌 심판에 대한 이러한 해석은 예수님이 십자가에 못 박히시기 전에 제자들에게 했던 말씀을 통해서도 증거됩니다. 예수님이 이끄는 대상은 "모든 사람"이라고 분명히 말씀하셨기 때문입니다.

내가 땅에서 들리면, **모든 사람**을 내게로 이끌겠노라 (요한복음 12장 32절)

구원의 관점에서 하나님의 두 가지 성품인 사랑과 공의에 대해 결론적으로 이렇게 정의할 수 있습니다.

"모든 사람을 구원하기 원하시는 것이 하나님의 사랑이고, 모든 사람에게 구원의 기회를 주시는 것이 하나님의 공의다."

이것은 사도 바울의 예언적 선포를 통해서도 분명하게 알 수 있습니다.

이러므로 하나님이 그를 지극히 높여 모든 이름 위에 뛰어난 이름을 주사 **하늘에 있는 자들과 땅에 있는 자들과 땅 아래에 있는 자들로 모든 무릎을 예수의 이름에 꿇게 하시고 모든 입으로 예수 그리스도를 주라 시인하여** 하나님 아버지께 영광을 돌리게 하셨느니라 (빌립보서 2장 9절 ~ 11절)

하늘에 있는 모든 자만 그리스도를 주님이라고 시인하며, 하나님 아버지께 영광을 돌릴 것이라고 말하고 있지 않습니다. 현재로서는 불가능해 보이지만 땅 위에 있는 모두가 예수 그리스도는 주님이라고 시인하고 하나님 아버지께 영광을 돌릴 것이라고 하고 있어요. 땅 위에서 아직까지 모든 자들이 그리스도를 주라 시인하고 하나님 아버지께 영광을 돌리는 일이 이루어지지 않고 있으므로 이 일은 미래에 일어날 일인 천년왕국을 예언적으로 선포한 것이 분명하지요. 그런데, 이 뿐일까요? 땅 아래 다시 말해 지옥에 있는 모든 자들도 예수 그리스도는 주님이라고 시인하며, 하나님 아버지께 영광을 돌린다고 하고 있습니다. 백보좌 심판에 대해 살펴본 것처럼 땅 아래 있는 자들도 심판대에서 그리스도를 주라 시인하는 것을 볼 수 있어요. 양이건 염소이건 상관없이 심판대에 선 자들 모두 그리스도를 주라 시인할 것입니다.

지성 모든 사람에게 구원의 기회가 있을 거라는 말씀 같은데 그럼 예수님을 믿지 않고 이미 죽었던 사람에게도 구원의 기회가 있다는 말씀으로 이해되네요. 물론 저도 그러기를 기대하고 당연히 그렇게 되어야 할 것 같지만 정말로 성경에서 그것을 입증할 수 있을지는 모르겠어요. 저 같은 불신자도 기독교는 한번 죽으면 끝인 걸로 알고 있거든요.

성경 앞으로 지옥으로부터의 구원의 가능성을 성경이 말하고 있는지 살펴볼 거예요.

성도 저는 너무 받아들이기가 어렵습니다. 저는 분명하게 살아서 예수님을 영접하지 않으면 기회가 없다고 배워 왔거든요.

성경 쉽지 않은 문제지만 우리 교리가 아닌 성경이 무엇이라고 말하고 있는지 열린 마음으로 얘기해 봐요.

4.

연대기적으로
천국과 지옥은 어떻게 변하나?

지성 성경 선생님! 그런데, 백보좌 심판도 나오고 천년왕국도 나오고 제
가 모르는 용어들이 나오니까 제가 선생님이 하시는 말씀을 정확히
이해 못 하는 부분이 있는 것 같아요. 이 부분 좀 먼저 설명해 주실
수 있을까요?

성경 네 그러지요. 예수님이 십자가에 못 박혀 돌아가실 때 회개한 우편
강도에게 오늘 낙원에 예수님과 함께 있을 것이라고 하고 있어요.
즉, 오늘날 예수님을 믿고 죽은 사람들은 육체는 땅에 묻히지만 영
혼은 낙원 즉 사람들이 통상적으로 말하는 천국에 있을 것이라고
해요.

예수께서 이르시되 내가 진실로 네게 이르노니 오늘 네가 나와 함께 **낙원**
에 있으리라 하시니라 (누가복음 23장 43절)

반대로 성경은 예수님을 믿지 않고 죽은 자들은 지옥으로 간다고 하고 있어요. 성경에서 음부라는 말도 많이 쓰는데 지옥이라고 이해하면 돼요. [6)

한번 죽는 것은 사람에게 정하신 것이요 그 후에는 심판이 있으리니 (히브리서 9장 27절)
이에 그 거지가 죽어 천사들에게 받들려 아브라함의 품에 들어가고 부자도 죽어 장사되매 그가 음부에서 고통 중에 눈을 들어 멀리 아브라함과 그의 품에 있는 나사로를 보고 (누가복음 16장 22-23절)

그리고, 어느 때인가 지구상에 대환란이 있고 대환란의 마지막 때쯤 전쟁이 일어나는데 이것을 아마겟돈 전쟁이라고 하지요.

이는 그 때에 큰 환난이 있겠음이라 창세로부터 지금까지 이런 환난이 없었고 후에도 없으리라 (마태복음 24장 21절)
그들은 귀신의 영이라 이적을 행하여 온 천하 왕들에게 가서 하나님 곧 전능하신 이의 큰 날에 있을 전쟁을 위하여 그들을 모으더라 보라 내가 도둑 같이 오리니 누구든지 깨어 자기 옷을 지켜 벌거벗고 다니지 아니하며 자기의 부끄러움을 보이지 아니하는 자는 복이 있도다 세 영이 히브리어로 아마겟돈이라 하는 곳으로 왕들을 모으더라 (요한계시록 16장 14절 ~ 16절)

---

6) 심화토론의 1. 구약의 음부와 신약의 음부는 왜 다른가? 참조

아마겟돈 전쟁에서 승리하신 예수님께서 이 땅에 다시 오시는데 그 때 주 안에서 죽은 모든 자가 새로운 육체를 가지게 되는데 이것을 첫째 부활이라고 해요.

또 내가 하늘이 열린 것을 보니 보라 백마와 그것을 탄 자가 있으니 그 이름은 충신과 진실이라 그가 공의로 심판하며 싸우더라 그 눈은 불꽃 같고 그 머리에는 많은 관들이 있고 또 이름 쓴 것 하나가 있으니 자기밖에 아는 자가 없고 또 그가 피 뿌린 옷을 입었는데 그 이름은 하나님의 말씀이라 칭하더라 하늘에 있는 군대들이 희고 깨끗한 세마포 옷을 입고 백마를 타고 그를 따르더라 그의 입에서 예리한 검이 나오니 그것으로 만국을 치겠고 친히 그들을 철장으로 다스리며 또 친히 하나님 곧 전능하신 이의 맹렬한 진노의 포도주 틀을 밟겠고 (요한계시록 19장 11절 ~ 15절)
또 내가 보좌들을 보니 거기에 앉은 자들이 있어 심판하는 권세를 받았더라 또 내가 보니 예수를 증언함과 하나님의 말씀 때문에 목 베임을 당한 자들의 영혼들과 또 짐승과 그의 우상에게 경배하지 아니하고 그들의 이마와 손에 그의 표를 받지 아니한 자들이 살아서 그리스도와 더불어 천 년 동안 왕노릇 하니 (그 나머지 죽은 자들은 그 천 년이 차기까지 살지 못하더라) 이는 첫째 부활이라 (요한계시록 20장 4절 ~ 5절)

이 첫째 부활은 현재 영혼만 천국에 있는 성도들이 새로운 육체를 입게 되는 것을 말하지요. 그리고, 대환란을 살아서 통과한 자들과 부활한 성도들이 함께 천 년간 예수님의 통치 아래서 살게 되는데 이것을 천년왕국이라고 해요. 천년왕국 시대에 대환란을 살아서 통과한 자들은 결혼도 하고 자녀도 낳고 죽기도 해요.

이 첫째 부활에 참여하는 자들은 복이 있고 거룩하도다 둘째 사망이 그들을 다스리는 권세가 없고 도리어 그들이 하나님과 그리스도의 제사장이 되어 천 년 동안 그리스도와 더불어 왕노릇 하리라 (요한계시록 20장 6절) 거기는 날 수가 많지 못하여 죽는 어린이와 수한이 차지 못한 노인이 다시는 없을 것이라 곧 백 세에 죽는 자를 젊은이라 하겠고 백 세가 못되어 죽는 자는 저주 받은 자이리라 (이사야 65장 20절)

예수님의 통치기간인 천년왕국이 끝나고 무저갱이라는 곳에 갇혀 있던 마귀가 풀려나면서 사람들을 미혹하여 전쟁이 일어나게 되는데 이것을 곡과 마곡의 전쟁이라고 하지요.

천 년이 차매 사탄이 그 옥 (무저갱)[7]에서 놓여나 와서 땅의 사방 백성 곧 곡과 마곡을 미혹하고 모아 싸움을 붙이리니 그 수가 바다의 모래 같으리라 (요한계시록 20장 7절 ~ 8절)

곡과 마곡의 전쟁을 일으킨 자들을 하늘에서 불이 내려와 태워 버린 후 지옥에 있는 모든 자들이 부활하는데 이것을 둘째 부활이라고 하지요. 그리고, 죽은 자들에 대한 심판이 이루어지는데 이것을 최후의 심판 또는 백보좌 심판이라고 해요.

---

7)   심화토론의 2. 음부와 무저갱에는 누가 있는가? 참조

그들이 지면에 널리 퍼져 성도들의 진과 사랑하시는 성을 두르매 하늘에서 불이 내려와 그들을 태워 버리고 또 그들을 미혹하는 마귀가 불과 유황 못에 던져지니 거기는 그 짐승과 거짓 선지자도 있어 세세토록 밤낮 괴로움을 받으리라 또 내가 크고 흰 보좌와 그 위에 앉으신 이를 보니 땅과 하늘이 그 앞에서 피하여 간 데 없더라 또 내가 보니 죽은 자들이 큰 자나 작은 자나 그 보좌 앞에 서 있는데 책들이 펴 있고 또 다른 책이 펴졌으니 곧 생명책이라 죽은 자들이 자기 행위를 따라 책들에 기록된 대로 심판을 받으니 바다가 그 가운데에서 죽은 자들을 내주고 또 사망과 음부도 그 가운데에서 죽은 자들을 내주매 각 사람이 자기의 행위대로 심판을 받고 (요한계시록 20장 9절 ~ 13절)

백보좌 심판 후에는 구원받은 성도들은 새 하늘과 새 땅으로 가고 구원받지 못한 자들은 유황불못으로 가게 되는데 이것을 영생과 영벌이라고 하지요. 그리고, 이것으로 하나님의 인류를 향한 모든 구속사역은 완성되는 거지요.

또 내가 새 하늘과 새 땅을 보니 처음 하늘과 처음 땅이 없어졌고 바다도 다시 있지 않더라 또 내가 보매 거룩한 성 새 예루살렘이 하나님께로부터 하늘에서 내려오니 그 준비한 것이 신부가 남편을 위하여 단장한 것 같더라 내가 들으니 보좌에서 큰 음성이 나서 이르되 보라 하나님의 장막이 사람들과 함께 있으매 하나님이 그들과 함께 계시리니 그들은 하나님의 백성이 되고 하나님은 친히 그들과 함께 계셔서 (요한계시록 21장 1절 ~ 3절)

사망과 음부도 불못에 던져지니 이것은 둘째 사망 곧 불못이라 누구든지 생명책에 기록되지 못한 자는 불못에 던져지더라 (요한계시록 20장 14절 ~ 15절)

지성 네! 알겠습니다. 제가 한번 다시 정리해 볼게요. 맞는지 확인해 주세요.

지금은 죽으면 신자는 천국, 불신자는 지옥(음부)으로 간다.

대환란 후 예수님께서 이 땅에 다시 오실 때 신자들은 새로운 육체를 입게 되는데 이것을 첫째 부활이라고 한다.

첫째 부활에 부활한 신자들과 대환란을 통과한 자들이 천 년간 예수님의 통치 아래 있게 되는데 이것을 천년왕국이라고 한다.

천년왕국이 끝나고 곡과 마곡이라는 전쟁이 있고 모든 지옥(음부)에 있는 자들이 부활하고 심판이 이루어지는데 이것을 백보좌 심판이라고 한다.

백보좌 심판 후 신자들은 새 하늘과 새 땅에 가는데 이것이 영생이고, 불신자는 유황불못에 가는데 이것이 영벌이다.

성경 잘 이해하셨네요.

성도 지성이 한번 듣고 바로 아네! 역시 넌 똑똑한 내 친구야!

하나님의 성품과 구원

5.

지옥에서 구원의 가능성을 볼 수 있는 성경 말씀이 있는가?

성도 모든 사람을 구원하기 원하시고, 모든 사람에게 구원의 기회를 주시는 것이 하나님의 뜻이라는 선생님의 말씀은 이해가 됐습니다. 그런데, 실제적으로 어떻게 이 하나님의 뜻이 성취될 수 있는지를 성경을 통해 말씀하신다는 데는 정말 의문입니다.

성경은 분명하게 죽음 이후에는 심판이 있고, 예수님만이 유일한 구원의 길이라고 말씀하고 있거든요. 즉 살아서 예수님을 믿어야 구원에 이른다고 말이죠.

한번 죽는 것은 사람에게 정하신 것이요 그 후에는 심판이 있으리니 (히브리서 9장 27절)
예수께서 가라사대 내가 곧 길이요 진리요 생명이니 나로 말미암지 않고는 아버지께로 올 자가 없느니라 (요한복음 14장 6절)

성경 그 비밀은 성경이 말하고 있는 심판과 부활이 이중심판과 이중부활 구조라는 것에 있어요.

사람은 반드시 한번은 사망합니다. 그리고, 성도 씨가 말씀하신 것처럼 예수님을 영접하고 죽은 자는 천국에 가고, 그렇지 못한 자는 지옥으로 간다고 성경은 분명하게 말씀하고 있지요! 그런데, 성경은 둘째 사망이 있음을 말하고 있습니다.

귀 있는 자는 성령이 교회들에게 하시는 말씀을 들을지어다 이기는 자는 **둘째 사망**의 해를 받지 아니하리라 (요한계시록 2장 11절)

이 첫째 부활에 참여하는 자들은 복이 있고 거룩하도다 **둘째 사망**이 그들을 다스리는 권세가 없고 도리어 그들이 하나님과 그리스도의 제사장이 되어 천 년 동안 그리스도와 더불어 왕노릇 하리라 (요한계시록 20장 6절)

사망과 음부도 불못에 던져지니 이것은 **둘째 사망** 곧 불못이라 누구든지 생명책에 기록되지 못한 자는 불못에 던져지더라 (요한계시록 20장 14절 ~ 15절)

그럼, 둘째 사망은 어떻게 이루어지는 걸까요?

또 내가 보니 죽은 자들이 무론 대소하고 그 보좌 앞에 섰는데 책들이 펴 있고 또 다른 책이 펴졌으니 곧 **생명책**이라 죽은 자들이 **자기 행위를 따라 책들에 기록된대로 심판을 받으니** 바다가 그 가운데서 죽은 자들을 내어주고 또 사망과 음부도 그 가운데서 죽은 자들을 내어주매 각 사람이 자기의 행위대로 심판을 받고 (요한계시록 20장 12절 ~ 13절)

요한계시록 20장을 통해 살펴볼 수 있는 것은 죽은 자들은 누구든지 부활하여 하나님의 보좌 앞에 선다는 것입니다. 이 말씀은 마태복음 25장 31절 ~ 45절과 병행 구절로서 최후의 심판 또는 백보좌 심판을 의미하죠. 그리고, 그 앞에는 생명책과 행위를 기록한 책이 있습니다. 즉, 심판의 보좌 앞에는 구원받은 자들을 기록한 책과 심판받을 자들의 행위를 기록한 책들이 펴져 있는 것입니다.

그럼, 백보좌 심판대에 첫째 부활에 참여한 자도 포함되어 있을까요? 요한계시록 20장 6절을 다시 볼까요?

이 첫째 부활에 참여하는 자들은 복이 있고 거룩하도다 **둘째 사망이 그들을 다스리는 권세가 없고**

둘째 사망이 그들을 다스리는 권세가 없다고 명백히 말하고 있습니다. 즉, 백보좌 심판대 앞에 서지 않는다는 것이죠. 요한계시록 20장 12절에 "죽은 자들이 무론 대소하고 그 보좌 앞에 섰는데"라고 말하고 있습니다. 첫째 부활에 참여한 자들은 죽은 자들이 아니죠. 이미 천 년 전에 부활하여 산 자들입니다. 이 성경구절 역시 첫째 부활에 참여한 자는 백보좌 심판대에 서지 않는다는 것을 증거하고 있습니다.

그럼, 첫째 부활에 참여하는 자들은 누구일까요?

또 내가 보좌들을 보니 거기 앉은 자들이 있어 **심판하는 권세를 받았더라** 또 내가 보니 예수의 증거와 하나님의 말씀을 인하여 목 베임을 받은 자의 영혼들과 또 짐승과 그의 우상에게 경배하지도 아니하고 이마와 손에 그의 표를 받지도 아니한 자들이 살아서 그리스도로 더불어 천년 동안 왕노릇 하니 (요한계시록 20장 4절)

대환란 기간에 순교한 자들과 신앙의 정절을 지킨 자들이 첫째 부활의 대상의 됨을 알 수 있어요. 이들은 심판하는 권세를 받았다고 하고 있어요. 즉, 백보좌 심판에서 심판받는 자리가 아닌 심판하는 자리에 있을 것이라고 하고 있는 것이죠.

지성 상식적으로 봐도 맞을 것 같아요. 세상 법률에서도 한번 판결이 종료된 건에 대해 다시 재판하지 않는 일사부재리 원칙이 있거든요. 그런데, 첫째 부활 시 부활했다는 것 자체가 하나님의 판결이 종료되었다는 것에 대한 보증 수표 같은 거잖아요. 그런데, 다시 심판대에 선다는 것은 말이 안 되는 것 같아요.

성경 네 맞는 말씀이네요. 그런데, 성경은 대환란 기간에 순교한 자들과 신앙의 정절을 지킨 자들뿐 아니라 인류 역사 상 그리스도 안에서 죽은 모든 자들이 첫째 부활의 대상이라고 하고 있어요. 즉, 첫째 부활은 예수님의 재림 시점에 일어나는 사건인데 그 시점까지 살아 있지 않고 죽은 모든 그리스도인은 살아 있는 자보다 먼저 부활할 것이라고 말씀하고 있는 것이죠.

주께서 호령과 천사장의 소리와 하나님의 나팔로 친히 하늘로 좇아 강림하시리니 **그리스도 안에서 죽은 자들이 먼저 일어나고** (데살로니가전서 4장 16절)

성경 성도 씨! 그럼, 첫째 부활의 대상인 신자들은 백보좌 심판 시 심판 대에 서지 않는데 심판대에 있는 생명책은 누구를 위해 펴져 있는 것일까요?

성도 제가 봐도 이상하긴 하네요. 저는 백보좌 심판 때, 지옥에 있는 모 든 자들이 부활하여 심판받고 유황불못으로 떨어진다고 배워왔거 든요. 선생님 말씀대로, 첫째 부활에 참여한 자들이 심판대에 서지 않는다면 생명책은 누구를 위해 펴져있는 거죠?

성경 성도 씨는 둘째 부활에 참여한 자들은 모두 유황불못에 떨어진다고 배워왔다고 했죠. 그런데, 다니엘서를 보면 둘째 부활에 참여한 자 들 중에도 구원받는 자가 있음을 알 수 있어요.

땅의 티끌 가운데서 자는 자 중에 많이 깨어 영생을 얻는 자도 있겠고 수욕 을 받아서 무궁히 부끄러움을 입을 자도 있을 것이며 (다니엘서 12장 2절)

다니엘서 12장 2절의 마지막 때의 부활에 관한 예언인데요, 이 예 언은 아래의 세 가지 방식의 해석으로 접근할 수 있어요.
첫째, 대환란 시점의 부활과 천년왕국 후의 부활을 모두 포함하는 예언이다.
둘째, 대환란 시점의 부활을 가리키는 예언이다.
셋째, 천년왕국 후 부활을 가리키는 예언이다.
이 세가지 가설에 대해 전후 문맥 등을 좀 더 세세하게 살펴서 어떠 한 가설이 가장 적합할지 알아보고자 해요.

첫째로, 다니엘서 12장 2절을 "대환란 시점의 부활과 천년왕국 후의 부활을 모두 포함하는 예언이다."라는 가설을 살펴보도록 하죠. 그런데, 이 두 기간을 모두 포함한다면 자는 자들 중에 깨어난 자는 "많이"가 아닌 "모두"이어야 하겠죠. 왜냐하면, 첫째 부활과 둘째 부활을 통해 모든 죽은 자들이 깨어났기 때문이에요. 따라서, 다니엘서 12장 2절의 해석에 있어 "첫째, 대환란 시점의 부활과 천년왕국 후의 부활을 모두 포함하는 예언이다."는 가설은 부합하지 않는다고 볼 수 있겠네요.

성도 선생님의 해석은 너무 문자적인 접근 아닐까요? 다니엘이 기록할 때 "많이"와 "모두"의 의미에 대해 명확하게 구분하지 않고 사용한 것은 아닐까요?

성경 그럼, 이 말씀을 기록한 다니엘이 "많이"라는 단어와 "모두"라는 단어를 의미적으로 구분 없이 사용했는지 한번 볼까요?

그 때에 네 민족을 호위하는 대군 미가엘이 일어날 것이요 또 환난이 있으리니 이는 개국 이래로 그 때까지 없던 환난일 것이며 그 때에 **네 백성 중 무릇 책에 기록된 모든 자가 구원을 얻을 것이라** (다니엘서 12장 1절)

다니엘서 12장 1절에서 "네 백성 중 무릇 책에 기록된 모든 자가 구원을 얻을 것이라"고 했네요. 책은 생명책을 의미하는 것이 분명한데 생명책에 기록된 "모든" 자가 구원을 얻을 것이라고 했네요. 이것을 보면 다니엘은 분명히 "많이"와 "모든"의 단어적 의미를 명확히 구분해서 사용하고 있다고 볼 수 있죠.

성도 네! 그런 것 같네요.

성경 둘째, "대환란 시점의 부활을 가리키는 예언이다."라는 가설을 살펴 보죠.

다니엘서 12장 1절 ~ 2절을 하나의 사건에 대한 연속된 구절로 본 다면 개국 이래 없던 환란은 대환란에 해당한다고 볼 수도 있겠네 요. 특별히, 요한계시록에서 대환란 시에 용과 미가엘과의 전쟁이 있을 것이라고 하고 있기 때문이죠.

그 때에 네 민족을 호위하는 **대군 미가엘이 일어날 것이요** 또 환난이 있으 리니 이는 개국 이래로 그 때까지 없던 환난일 것이며 그때에 네 백성 중 무릇 책에 기록된 모든 자가 구원을 얻을 것이라 (다니엘서 12장 1절) 하늘에 전쟁이 **있으니 미가엘과 그의 사자들이 용으로 더불어 싸울쌔** 용 과 그의 사자들도 싸우나 이기지 못하여 다시 하늘에서 저희의 있을 곳을 얻지 못한지라 (요한계시록 12장 7절 ~ 8절)

그러나, 다니엘서 12장 2절에서 부활한 자들 중에 "수욕을 받아서 무궁히 부끄러움을 입을 자도 있을 것이며"라고 했으니 대환란 시 점의 영광스런 첫째 부활과는 맞지 않죠. 그러므로 다니엘서 12장 2절이 "둘째, 대환란 시점의 부활을 가리키는 예언이다."라는 가설 은 부합하지 않게 되겠죠.

셋째, "천년왕국 후 부활을 가리키는 예언이다."라는 가설을 살펴보죠.

다니엘서 12장 1절은 대환란 시점의 부활로 해석하고 다니엘서 12장 2절은 천년왕국 후 백보좌 심판을 위한 부활로 해석할 수도 있겠죠. 즉, 두 구절은 각각 독립된 사건의 부활로 해석하는 것이죠.

그 때에 네 민족을 호위하는 대군 미가엘이 일어날 것이요 또 환난이 있으리니 이는 개국 이래로 **그 때**까지 없던 환난일 것이며 **그 때**에 네 백성 중 무릇 책에 기록된 모든 자가 구원을 얻을 것이라 (다니엘서 12장 1절)

다니엘서 12장 1절에 보면 "그 때"라는 단어가 세 번 나오는데, 이는 동일 시점의 사건에 대한 설명임을 말해 주고 있어요. 그리고, 앞에서 다니엘서 12장 1절은 대환란 사건으로 해석하는 것이 타당하다고 말씀드렸죠. 그리고, "무릇 책에 기록된 모든 자가 구원을 얻을 것이라"라고 했으니 대환란 시점의 첫째 부활 사건임을 명백하게 알 수 있죠.
다니엘서 12장 2절, 다시 살펴볼까요?

땅의 티끌 가운데서 자는 자 중에 많이 깨어 영생을 얻는 자도 있겠고 수욕을 받아서 무궁히 부끄러움을 입을 자도 있을 것이며 (다니엘서 12장 2절)

다니엘서 12장 2절에서 다니엘서 12장 1절의 사건과 동일 사건으로 연결해 주는 접속어가 없어요. 따라서, 다니엘서 12장 1절과 독립된 사건으로 해석이 가능하게 되는 거죠. 다니엘서 12장 1절이 첫째 부활이며, 다니엘서 12장 2절을 독립된 사건으로 볼 때 그 사건은 천년왕국 후 둘째 부활로 보는 것이 타당할 겁니다. 그리고, 앞에서 설명했듯이 첫째 부활에서 제외된 나머지 죽은 자들이 부활하였으니 모든 죽은 자가 아닌 "많은 죽은 자가 깨어나서"에도 부합하고요. 요한계시록 20장에서 백보좌 심판 때 생명책과 행위책이 펴져 있었죠. 다니엘서에서는 "영생을 얻는 자도 있겠고 수욕을 받아서 무궁히 부끄러움을 입을 자도 있을 것이며"라고 하고 있고요. "결국 첫째 부활에서 제외된 자들이 부활하여 영생을 얻거나 영벌을 받는다."로 해석할 수 있겠죠. 결론적으로 "셋째, 천년왕국 후 부활을 가리키는 예언이다."에 가장 부합한다고 볼 수 있어요.

성도 선생님! 다니엘서는 구약의 말씀이잖아요! 만약에 둘째 부활에도 구원이 있다면, 신약에서도 누군가 이와 같은 말을 하지 않았을까요?

성경 네! 사도 바울도 둘째 부활 시 구원이 있다고 생각하고 있다면 혹시 대답이 될까요?

성도 정말요?

성경 고린도전서 15장 말씀을 볼까요?

아담 안에서 모든 사람이 죽은 것 같이 **그리스도 안에서 모든 사람이 삶을 얻으리라** 그러나 각각 자기 차례대로 되리니 먼저는 첫 열매인 그리스도요 다음에는 그가 강림하실 때에 그리스도에게 속한 자요 **그 후에는 마지막이니** 그가 모든 통치와 모든 권세와 능력을 멸하시고 나라를 아버지 하나님께 바칠 때라 (고린도전서 15장 22절 ~ 24절)

이 말씀에서 보면 15장 22절은 "그리스도 안에서 모든 사람이 삶을 얻으리라"고 하고 있고 23절 ~ 24절은 그 대상이 누구인지를 말하고 있지요? 23절에서 제일 먼저 첫 열매인 예수님의 부활을 말하고 있고, 그다음은 예수님의 재림 시 성도의 부활을 말하고 있죠. 그리고, 계속해서 24절의 "그 후에는 마지막이니"로 볼 때 이것은 최후의 심판 즉 백보좌 심판의 부활을 말한다고 볼 수 있죠. 그런데, 이 부분이 어떠한 사람들의 부활에 대한 말씀이라고 하고 있죠? "그리스도 안에서 모든 사람"의 즉 구원받은 자들의 부활이죠! "그리스도 안에서 모든 사람" 안에 둘째 부활에 속한 자가 있다고 사도 바울은 말하고 있는 겁니다.

성도 이 말씀에서 24절은 "재림 시 부활 이후에 마지막인 백보좌 심판이 올 것이다." 단순하게 그런 뜻 아닐까요?

지성 성도야! 나는 둘째 부활이 포함된 것처럼 읽히는데…… 잘 봐 봐! 22절에 대한 설명을 23절 ~ 24절에서 하고 있는 거잖아! 너는 다르게 읽히나 보다.

성경 우리가 성경을 볼 때, 교리적 관점이 마음에 있으면 이렇게 동일한 성경구절도 다르게 읽힐 수 있어요. 제가 보여 드린 성경구절은 개역개정의 성경구절인데 표준새번역이나 킹제임스버전을 보면 성도 씨처럼 보이기도 해요. 한번 볼까요?

아담 안에서 모든 사람이 죽는 것과 같이 그리스도 안에서 모든 사람이 삶을 얻을 것입니다 그러나 각각 차례대로 그렇게 될 것입니다 첫째는 첫 열매이신 그리스도요, 그 다음은 그리스도께서 재림하실 때에, 그리스도께

속한 사람들입니다 그 다음에는 마지막이 올 것인데, 그 때에 그리스도께서 모든 통치와 권위와 권력을 폐하시고, 그 나라를 하나님 아버지께 바치실 것입니다 (표준새번역 고린도전서 15장 22절 ~ 24절)

지성 씨 이 말씀을 보면 어떻게 읽히나요?

지성 어! 성도 말처럼 24절은 재림 시 부활 이후에 마지막이 올 것이다. 이런 뜻으로 읽히네요! 왜 이런 일이 생기는 것이죠?

성경 성경을 번역할 때 번역하는 성경학자의 생각이나 사상이 은연 중에 번역에 영향을 미칠 수 있죠. 따라서, 동일한 성경 원문을 번역해도 다른 느낌이나 어감의 번역이 이루어지는 겁니다. 이럴 때는 어떻게 해야 정확히 성경을 해석할 수 있을까요? 표준새번역본을 가지고 문맥을 다시 한번 볼까요? 23절의 "그러나 각각 차례대로 그렇게 될 것입니다"의 말씀에 근거해서 그 후속 말씀을 보면 논리적 모순이 생깁니다. 이 말씀에서 보면 "각각 차례대로"라는 말씀이 있어요. "각각 차례대로"라는 것은 두 개 이상 있어야 순서를 나열할 수 있는 것이죠. 그리고, "그렇게 될 것입니다"는 미래의 일어날 사건에 대한 것이라고 해석할 수 있죠. 결국 미래에 일어날 두 개 이상의 사건이 되어야 한다는 것이죠. 미래에 일어날 두 개 이상의 사건은 무엇이죠? 첫째 부활인 예수님의 부활은 바울이 서신을 보낸 시점을 기준으로 볼 때 미래의 사건이 아닌 십자가에서 돌아가신 후 3일 만에 부활하신 과거의 사건이죠. 그럼, 예수님께서 재림하시는 대환란 시점의 부활과 천년왕국 후 백보좌 심판 때의 부활 이 두 사건의 부활만 남게 되니 백보좌 심판의 부활도 22절의 그리스도 안에서의 부활에 포함되는 것이죠.

성도 그런데 선생님, 영어 성경인 NIV를 보면, 23절의 "그러나 각각 차례 대로 그렇게 될 것입니다"의 말씀이 "But, each in his own turn,"으로 되어 있어 시간의 개념이 없거든요. 그럼, 첫째 부활인 예수님의 부활과 둘째 부활인 재림 시 부활만 있어도 되는 것 아닌가요?

성경 "But, each in his own turn,"은 문맥상 22절 문장이 어떠한 방법으로 성취되는지를 설명하는 것이라고 볼 수 있죠. 22절은 "그리스도 안에서 모든 사람이 삶을 얻을 것입니다."라는 미래에 일어날 사건에 대한 말씀입니다. 그래서, 개역개정, 개역한글, 새번역, 킴제임스한글역 등 대부분의 한글 성경 번역에서 "그러나 각각 차례대로 되리니"와 같은 미래의 일어날 사건으로 번역된 것을 볼 수 있죠. 만일, 바울이 둘째 부활에 구원이 없다고 생각하고 이 글을 썼다면 예수님 재림 시에 단 한 번만 구원의 부활이 있다는 것인데 굳이 "그러나 각각 차례대로"라는 말을 쓸 필요가 있었을까요? 오히려 이렇게 쓰지 않았을까요?

아담 안에서 모든 사람이 죽는 것과 같이 그리스도 안에서 모든 사람이 삶을 얻을 것입니다. 첫 열매이신 그리스도의 부활과 같이 그리스도께서 재림하실 때에, 그리스도께 속한 사람들이 부활합니다. 그다음에는 마지막이 올 것인데, 그 때에 그리스도께서 모든 통치와 권위와 권력을 폐하시고, 그 나라를 하나님 아버지께 바치실 것입니다.

지성 둘째 부활에 구원이 없다고 바울 선배님이 생각했다면 선생님 말씀대로 해당 말씀을 바꿔서 기록했을 것 같네요.

성도 고린도전서 말씀은 해석의 여지가 있어서 마음에 완전히 받아들여 지지는 않네요. 혹시 다른 말씀은 없나요?

성경 예수님께서 직접 하신 말씀이라면 어떨까요?

성도 예수님이 하신 말씀이 있어요? 저도 성경을 아는데, 둘째 부활에서 구원이 있다고 예수님께서 말씀하신 적은 없는 것 같은데요?

성경 마태복음 25장의 백보좌 심판에 관한 말씀은 앞에서도 나누었듯이 잘 아실 거예요. 그 말씀을 백보좌 심판의 말씀으로 보는 이유는 예 수님이 보좌에 앉아서 모든 민족을 심판하시는 사건은 백보좌 심판 이 유일하기 때문이에요. 인류의 역사적 관점에서 살펴보면 특정 민족의 모든 사람이 이 세상에 살아 있을 때 예외 없이 구원받는 일 은 없을 거예요. 따라서, 지옥에서 부활한 모든 자들은 그들이 죽기 전에 살아 있었을 때는 모든 민족에 속한 자들이 되는 것이죠. 그리 고, 최후의 심판인 백보좌 심판 후 영생과 영벌로 나누어지지요.

인자가 자기 영광으로 모든 천사와 함께 올 때에 자기 영광의 보좌에 앉으 리니 모든 민족을 그 앞에 모으고 각각 구분하기를 목자가 양과 염소를 구 분하는 것 같이 하여 양은 그 오른편에 염소는 왼편에 두리라 (마태복음 25장 31절 ~ 33절)
그들은 영벌에, 의인들은 영생에 들어가리라 하시니라 (마태복음 25장 46절)

그런데, 말씀을 자세히 보면 "양은 그 오른편에 염소는 왼편에 두리라"고 하고 있네요. 새 하늘과 새 땅으로 가는 양과 유황불못으로 가는 염소를 구분하는 심판이네요? 우리가 첫째 부활에 참여한 자는 이미 심판대에 서지 않는다고 배웠어요. 그런데, 여기서 보면 심판대에 서 있는 양이 있는 것을 보게 되지요. 이들은 어디서 온 자들인가요? 이것으로 볼 때, 둘째 부활 즉 지옥인 음부로부터의 부활 시 구원받은 자가 있다고 보는 것이 타당하지 않을까요?

성도 양은 첫째 부활에 참여한 자들을 말하는 것 아닐까요?

성경 첫째 부활에 참여한 자들은 이미 심판대에 서지 않는다고 말씀드렸어요. 그럼에도 불구하고 심판대에 선다는 전제하에 이 말씀을 보면 매우 이상합니다.

그 때에 임금이 그 오른편에 있는 자들에게 이르시되 내 아버지께 복 받을 자들이여 나아와 창세로부터 너희를 위하여 예비된 나라를 상속받으라 (마태복음 25장 34절)

지성 첫째 부활에 있는 자들이면, 천년왕국 전에는 천국에 있었고 천년왕국 때는 예수님과 함께 왕노릇 하던 자들 아닌가요? "예비된 나라를 상속받으라"라는 말씀대로 부활해서 이미 예수님과 행복하게 잘 살고 있는 사람들이잖아요! 그런데, 뭘 상속받아요. 첫째 부활에 있던 사람들도 완전 생뚱맞다고 생각할 것 같아요. 예를 들어, 땅 부자 아버지가 있는데 자녀들에게 미리 상속을 했다고 할게요. 첫째에게 10년 전에 강남 땅 천 평, 둘째에게 5년 전에 목동 땅 천 평, 셋째에게 2년 전에 용산 땅 천 평을 각각 상속하고 등기를 마쳤다고 해 봐요. 그런데, 어느 날 아버지가 자녀들을 불러 모아서, 첫째에게 강남 땅 천 평, 둘째에게 목동 땅 천 평, 셋째에게 용산 땅 천 평을 상속하겠다고 하면 자녀들이 속으로 뭐라고 생각할까요? "아버지 치매 걸리셨나?"라고 생각하지 않을까요?

성경 재미있지만 맞는 비유네요. 첫째 부활에 참여한 자들은 이미 상속받은 자들이죠. 물론 심판대에 설 필요도 없는 자들이고요.

성도 그런 관점으로 본다면, 같은 방식으로 염소들은 이미 지옥에 있던 자들이 부활한 거니까 "예비된 영원한 불에 들어가라"라고 말할 필요 없는 것 아닌가요?

또 왼편에 있는 자들에게 이르시되 저주를 받은 자들아 나를 떠나 마귀와 그 사자들을 위하여 예비된 영원한 불에 들어가라 (마태복음 25장 41절)

성경 그렇지 않죠! 둘째 부활한 자들에게 구원의 기회가 있다면, 그들에게는 새 하늘과 새 땅으로 가는 것과 유황불못으로 가는 이 심판에서 어떠한 선고가 내려질지는 영원이 걸려 있는 절박한 문제죠.

성도 그런데, 선생님! 이들에게 선고하는 근거를 보세요. 이들이 착한 일을 했으면 영생으로 가고, 악한 일을 했으면 영벌로 간다고 써 있잖아요. 둘째 부활에 있던 사람들은 지옥에 있던 자들일 텐데, 착한 일과 악한 일을 하는 것이 가능한가요?

내가 주릴 때에 너희가 먹을 것을 주었고 목마를 때에 마시게 하였고 나그네 되었을 때에 영접하였고 헐벗었을 때에 옷을 입혔고 병들었을 때에 돌

보았고 옥에 갇혔을 때에 와서 보았느니라 (마태복음 25장 35절 ~ 36절)
내가 주릴 때에 너희가 먹을 것을 주지 아니하였고 목마를 때에 마시게 하
지 아니하였고 나그네 되었을 때에 영접하지 아니하였고 헐벗었을 때에
옷 입히지 아니하였고 병들었을 때와 옥에 갇혔을 때에 돌보지 아니하였
느니라 하시니 (마태복음 25장 42절 ~ 43절)

성경 좋은 지적입니다. 만일 이 땅에서 살아 있을 때, "착한 일을 했느냐?
악한 일을 했느냐?"가 심판의 근거라면 백보좌 심판은 이들에게는
아무 의미가 없습니다. 왜냐하면, 죽을 때 이미 심판이 이루어졌기
때문이죠. 그런데, 양과 염소의 모습을 보면 심판에 대해 의외라는
태도로 반박하듯이 호소합니다.

이에 의인들이 대답하여 이르되 주여 우리가 어느 때에 주께서 주리신 것
을 보고 음식을 대접하였으며 목마르신 것을 보고 마시게 하였나이까 어
느 때에 나그네 되신 것을 보고 영접하였으며 헐벗으신 것을 보고 옷 입혔
나이까 어느 때에 병드신 것이나 옥에 갇히신 것을 보고 가서 뵈었나이까
하리니 (마태복음 25장 37절 ~ 39절)
그들도 대답하여 이르되 주여 우리가 어느 때에 주께서 주리신 것이나 목
마르신 것이나 나그네 되신 것이나 헐벗으신 것이나 병드신 것이나 옥에
갇히신 것을 보고 공양하지 아니하더이까 (마태복음 25장 44절)

왜 이런 모습을 보여 줄까요? 그들도 구원받을지 심판받을지를 선
고받는 심정으로 있기 때문이라고 보는 것이 타당하지 않을까요?

성도 그렇다면, 천년왕국 시대에 죽었던 사람들 아닐까요? 천년왕국 시대에 죽은 사람들은 첫째 부활 때 죽은 사람들이 아니므로 백보좌 심판에 설 수 있는 것 아닌가요? 그들 중에는 염소뿐만 아니라 양도 있지 않을까요?

거기는 날 수가 많지 못하여 죽는 어린이와 수한이 차지 못한 노인이 다시는 없을 것이라 곧 백 세에 죽는 자를 젊은이라 하겠고 백 세가 못되어 죽는 자는 저주 받은 자이리라 (이사야 65장 20절)

성경 천년왕국 전에 죽은 사람들은 어떻게 되죠? 천국으로 가거나 지옥으로 가죠. 천년왕국 시대에 죽은 사람들은 어떻게 될까요? 천년왕국 전에도 그러한데, 천년왕국 시대에는 거의 없겠지만 지옥으로 가는 사람들은 동일하게 지옥으로 가겠죠. 그러나, 성도로서 죽은 자들은 영혼으로 천국에 가거나 부활한 육체로 천년왕국에 있겠죠. 성도로서 죽은 자들은 이미 하나님의 나라를 상속받았으므로 첫째 부활의 성도들처럼 백보좌 심판대에 설 필요가 없죠. 만일, 심판대에 선다고 해도 자신이 구원받을지 심판받을지를 선고받는 심정으로 심판대에 서 있을 리도 없고 선고에 뜻밖이라는 행동도 하지 않을 것인데 그렇지 않아 보이거든요. 요한계시록의 천년왕국 직후 곡과 마곡 전쟁과 백보좌 심판을 한번 볼까요?

그들이 지면에 널리 퍼져 **성도들의 진과 사랑하시는 성을 두르매** 하늘에서 불이 내려와 그들을 태워 버리고 또 그들을 미혹하는 마귀가 불과 유황

못에 던져지니 거기는 그 짐승과 거짓 선지자도 있어 세세토록 밤낮 괴로움을 받으리라 또 내가 크고 흰 보좌와 그 위에 앉으신 이를 보니 땅과 하늘이 그 앞에서 피하여 간 데 없더라 또 내가 보니 **죽은 자들이 큰 자나 작은 자나 그 보좌 앞에 서 있는데** 책들이 펴 있고 또 다른 책이 펴졌으니 곧 생명책이라 죽은 자들이 자기 행위를 따라 책들에 기록된 대로 심판을 받으니 (요한계시록 20장 9절 ~ 12절)

이 말씀에서 보면, 천년왕국 후 곡과 마곡 전쟁이 일어납니다. 그러나, 성도들은 보호를 받아 살고 전쟁을 일으킨 자들은 불로 모두 죽임을 당하죠. 그런데, 백보좌 심판대에 서는 것은 죽은 자들뿐이네요. 천년왕국을 살아 있는 상태로 통과한 성도들은 백보좌 심판대에 서지 않습니다. 그런데, 천년왕국 때 성도로서 죽은 자들만 백보좌 심판대에 설까요? 아니라고 보는 것이 타당하지 않을까요?

성도 그렇다면, 음부인 지옥에서 둘째 부활에 참여한 자들은 착한 일과 악한 일을 언제 한 것입니까? 지옥에서 어떻게 착한 일과 악한 일을 할 수 있죠?

성경 하나님께서는 중심을 보시는 분입니다. 지옥은 그들에게도 심령에 많은 변화가 있을 수 있는 시간이에요. 행위로 착한 일과 악한 일을 하지 않았더라도 그들의 마음에 착한 일을 할 수 있는 변화가 있었다면 그들에게 구원의 기회가 있지 않을까요? 양들에게 예수님이 착한 일을 했다고 하실 때 왜 오히려 뜻밖이라는 반응을 보일까요? 그들은 오랜 시간 지옥에 있으면서, 자신들이 죄인임을 깨닫고 **하나님의 심판을 당연하게 받아들이며** 애통하며 있었기 때문 아닐까요? 염소에게 악한 일을 했다고 할 때 그들이 왜 뜻밖이라는 반응을 보일까요? 그들은 **나는 이 지옥에 있을 만한 죄를 지은 적이 없다는 억울한 태도**로 하나님께 항의하며 오랜 시간을 보내 왔기 때문 아닐까요?

성도 그렇다면, 예수님은 왜 착한 일과 악한 일을 할 수 있는 태도를 묻지 않고 행위를 물으실까요?

성경 예수님께서 백보좌 심판 얘기를 왜 하신 것일까요? 죽은 자들에게 한 말씀이 아닙니다. 왜냐하면, 성경은 이 세상을 살아가는 우리들을 위해 쓰여진 책이니까요. 착한 일과 악한 일을 할 수 있는 이 세상에 살고 있고 우리들에게 경고하시기 위해 백보좌 심판을 인용하신 겁니다. 백보좌 심판의 핵심 요소인, "보좌"와 "모든 민족이 모이는 것"과 "양과 염소"와 "영생 및 영벌"과 "심판의 기준"을 기본 골격으로 그대로 사용하여 이 세상을 사는 우리에게 교훈을 주시려는 겁니다. 이 세상에서는 태도가 있으면 행동을 할 수 있는 곳이니까요. 그리고, 실제로 이 세상에서 양과 같은 태도로 살면 천국에 가고, 염소와 같은 태도로 살면 지옥에 갈 것입니다. 그리고, 지옥에서조차 태도를 바꾸지 않는다면 염소의 영벌은 그대로 성취되겠죠. 그런 측면에서 본다면 마태복음에서 양과 염소에 대한 예수님의 말씀은 백보좌 심판에 대한 인용인 동시에 이 세상에서 살아가는 자들에게는 실제적인 사실이죠.

지성 그럼, 백보좌 심판은 지옥에 있는 자들에게 구원의 기회를 주기 위한 거네요. 만일 지옥에 있는 자들 모두를 잠깐 살려 놓고 너희들 모두 죄인인 것 맞지! 유황불못으로 가라! 그러는 거는 죽어가는 사람 확인 사살하는 거하고 동일한 거잖아요.

성경 모든 심판에는 목적이 있죠. 심판을 통해 유죄인지 무죄인지가 선고되죠. 그리고, 형량도 결정되고요. 어떤 심판의 경우는 감옥에 있는 동안 잘못을 많이 뉘우쳤다고 정상 참작해서 선고하는 경우도 있죠. 하나님이 백보좌 심판을 두셨다는 것은 분명한 목적이 있다고 보는 것이 맞죠. 단순하게 첫째 부활에서 예수님과 함께 행복하게 살고 있는 성도들 다시 다 모아서 새 하늘과 새 땅으로 가라고 하고 지옥에 있던 자들 다시 다 모아서 유황불못으로 가라는 하는 심판이라면 이러한 심판은 없는 것만 못한 것 아닐까요?

지성 선생님! 구원은 예수님의 대속을 믿어야만 성취될 수 있다고 말씀하셨잖아요. 물론, 믿음은 예수님을 단순히 구원자 즉, 구주로만 믿는 것이 아니라 주 즉, 주인으로 모시는 믿음이라고 말씀은 하셨지만요. 그리고, 주인으로 모시는 믿음은 주인인 예수님 말씀대로 살려는 태도를 가진 믿음을 말하는 거구요. 그런데, 양과 염소에 대한 심판에서 보면 왜 믿음을 묻지 않으실까요?

성경 이들은 양이건 염소건 "**주여**"라고 하고 있죠. 이들은 이미 예수님을 자신들의 주인이라고 말하고 있는 겁니다. 이후에 상세하게 다루어지겠지만 지옥에서 이들에게는 예수님의 대속의 복음을 알 기회가 있었을 겁니다. 그래서, 그들은 모두 예수님의 대속을 믿고 예수님을 "**주여**"라고 부르는 겁니다. 즉, 모두 믿는 자들이라는 것이죠. 그러나, 그들의 중심에서부터 회개하여 예수님을 주인으로 모신 참된 믿음인지 입술로만 예수님을 주인으로 모신 믿음인지에 따라 양과 염소로 갈릴 것입니다. 이것은 이 세상에서도 마찬가지입니다. 입술로만 예수님을 믿고 삶의 행위로써 나타나지 않는 명목상의 신자인지 예수님의 대속을 믿을 뿐 아니라 자신의 삶의 주인으로 모셔서 행위로 믿음이 나타나는 참된 신자인지에 따라 천국이나 지옥으로 가는 것이죠. 다만, 이 세상에서는 태도가 있으면 행위로 나타날 수 있기 때문에 이 세상을 살아가는 사람들에게 예수님께서 질문하시는 것은 "사랑을 하였느냐?"는 행위인 것입니다.

성도 지옥에 있는 사람들과 같이 사랑을 행하지 않았을지라도 태도만으로도 구원받을 수 있다는 사례가 성경에 있나요?

성경 십자가 상에서 구원받은 강도는 사랑을 행할 수 있는 기회가 없었지만, 그의 말을 통해 태도가 변했음을 알 수 있죠. 십자가상의 강도는 그 태도가 변함으로 즉각적으로 구원받은 하나님의 자녀가 되었음을 알 수 있어요.

우리는 우리가 행한 일에 상당한 보응을 받는 것이니 이에 당연하거니와 이 사람이 행한 것은 옳지 않은 것이 없느니라 하고 이르되 예수여 당신의 나라에 임하실 때에 나를 기억하소서 하니 예수께서 이르시되 내가 진실로 네게 이르노니 **오늘 네가 나와 함께 낙원에 있으리라** 하시니라 (누가복음 23장 41절 ~ 43절)

십자가상의 구원받은 강도의 모습은 지옥에서 죄인임을 깨닫고 하나님의 심판을 당연하게 받아들이며 애통하는 회개한 양의 모습과 같아 보이지 않나요?

성도 음~~~~ 그런 것도 같네요.

6.

성경은 정말로 한번 지옥은
영원한 지옥이라고 하고 있는가?

성도 선생님, 죄송한데 질문을 드리지 않을 수가 없네요.

성경은 분명히 죽으면 영원한 천국과 지옥으로 갈린다고 하고 있고 둘째 부활 시 사람들은 모두 지옥에 있던 사람들인데 둘째 부활 시 구원받는 자가 있다면 이것은 성경이 모순이 있다고 말씀하시는 건 가요?

지성 저도 궁금하네요. 성도 말처럼 저도 모순되게 들리거든요. 하긴 저도 예전에 성경 읽은 적이 있었는데 어디서는 무자비한 하나님 같고 어디서는 사랑 많은 하나님 같고 참 종잡기가 어렵긴 했어요.

성경 저는 하나님의 말씀은 완전하다고 믿어요. 단지 성경을 이해하고 해석하는 데 있어 일부분만 가지고 하나님의 전부를 안다고 생각하는 데서 오류에 빠지게 되는 것이죠. 지성 씨의 의문은 나중에 다룰 거예요. 우선은 성도 씨의 질문에 대한 답을 성경을 통해 찾아볼까요? 우리는 당연하다는 듯이 사람이 예수님을 영접하지 않고 죽으면 영원한 지옥으로 가는 것으로 성경에 써 있다고 믿고 있어요. 과연 성경에 이렇게 기록되어 있을까요? 이쯤에서 히브리서 9장 27절의 말씀을 다시 볼까요?

한번 죽는 것은 사람에게 정하신 것이요 그 후에는 심판이 있으리니

죽고 나면 반드시 심판이 있다고 말하고 있어요. 그런데, 말씀 안에 **"영원한 심판이 있다"**고 하지 않고 단지 "심판이 있으리니"라고만 말하고 있다는 것에 주목할 필요가 있어요. 상식적으로 영원한 심판을 의미한다고 생각했던 이 말씀도 단지 심판을 의미하는 말씀인 것이죠.

성도 어! 그러네요! 죽고 나면 천국과 지옥으로 가니 심판을 받는 것인데, 그 심판이 영원하다는 의미는 아니네요! 그렇지만 성경에는 영원한 지옥 심판을 의미하는 성경구절이 아주 많다고 알고 있어요.

성경 그래요? 사후 심판의 대표적인 말씀인 부자와 나사로에 대한 말씀은 어떤가요?

그가 음부에서 고통 중에 눈을 들어 멀리 아브라함과 그의 품에 있는 나사로를 보고 불러 이르되 아버지 아브라함이여 나를 긍휼히 여기사 나사로를 보내어 그 손가락 끝에 물을 찍어 내 혀를 서늘하게 하소서 내가 이 불꽃 가운데서 괴로워하나이다 아브라함이 이르되 얘 너는 살았을 때에 좋은 것을 받았고 나사로는 고난을 받았으니 이것을 기억하라 이제 그는 여기서 위로를 받고 너는 괴로움을 받느니라 그뿐 아니라 너희와 우리 사이

에 큰 구렁텅이가 놓여 있어 여기서 너희에게 건너가고자 하되 갈 수 없고 거기 우리에게 건너올 수도 없게 하였느니라 (누가복음 16장 23절 ~ 26절)

부자가 죽어서 지옥에 가고 나사로는 아브라함의 품에 갔어요. 그런데, 부자와 나사로와의 비유 말씀에서 사후 지옥의 영원성에 대한 언급이 있나요?

성도 어? 이 말씀은 영원한 심판에 대해 쓰이는 대표적 말씀으로 알고 있었는데 영원성에 대한 언급이 없네요? 하지만 다른 구절에 많이 있을 거예요.

성경 구약에서는 지옥에 대해 명확히 나와 있는 성경구절이 거의 없어요. 신약에는 지옥에 관한 많은 성경구절이 있는데 해당 구절들을 모두 살펴봄으로써 예수님을 영접하지 않고 죽으면 영원한 지옥으로 간다고 써 있는지 살펴볼까요?

내가 너희에게 말하노니, 까닭 없이 자기 형제에게 노하는 자는 누구든지 심판의 위험에 처하게 될 것이며, 형제에게 라카라 하는 자는 누구나 공회의 위험에 처하게 될 것이요, 또 어리석은 자라 하는 자는 누구나 지옥불의 위험에 처하게 될 것이라 (마태복음 5장 22절)
또 만일 너의 오른쪽 눈이 너로 실족케 하거든 빼어 던져 버리라 네 지체 가운데 하나가 손상되는 것이 네 온 몸이 지옥에 던져지는 것보다 나으니라 (마태복음 5장 29절)
또 만일 네 오른손이 너로 실족케 하거든 잘라 던져 버리라 네 지체 가운데 하나가 손상되는 것이 네 온몸이 지옥에 던져지는 것보다 나으니라 (마

태복음 5장 30절)

나라의 본 자손들은 바깥 어두운데 쫓겨나 거기서 울며 이를 갈이 있으리라 (마태복음 8장 12절)

또 너희는 몸은 죽일 수 있으나 혼은 죽이지 못하는 자들을 두려워하지 말고, 차라리 혼과 몸을 모두 지옥에서 멸하실 수 있는 그분을 두려워하라 (마태복음 10장 28절)

풀무 불에 던져 넣으리니 거기서 울며 이를 갈이 있으리라 (마태복음 13장 42절)

또 네 눈이 너를 실족케 하거든 뽑아 던져 버리라 두 눈을 가지고 지옥 불에 던져지는 것보다 한 눈을 가지고 생명으로 들어가는 것이 더 나으니라 (마태복음 18장 9절)

임금이 사환들에게 말하되 그 수족을 결박하여 바깥 어두움에 내어 던지라 거기서 슬피 울며 이를 갈이 있으리라 하니라 (마태복음 22장 13절)

위선자인 서기관들과 바리새인들아, 너희에게 화 있으리라! 이는 너희가 한 사람의 개종자를 얻으려고 바다와 육지를 두루 다니다가 얻고 나면 그를 너희보다 두 배나 더 악한 지옥의 자식으로 만들기 때문이라 (마태복음 23장 15절)

너희 뱀들아, 독사들의 세대야, 어떻게 너희가 지옥의 저주에서 피할 수 있겠느냐? (마태복음 23장 33절)

이 무익한 종을 바깥 어두운데로 내어쫓으라 거기서 슬피 울며 이를 갈이 있으리라 하니라 (마태복음 25장 30절)

또 왼편에 있는 자들에게 이르시되 저주를 받은 자들아 나를 떠나 마귀와 그 사자들을 위하여 **예비된 영영한 불**에 들어가라 (마태복음 25장 41절)

네 손이 너를 실족케 하거든 잘라 버리라 두 손을 가지고 **결코 꺼지지 않는 불속인 지옥**에 들어가는 것보다 불구자로 생명에 들어가는 것이 더 나으니라 (마가복음 9장 43절)

네 발이 너를 실족케 하거든 잘라 버리라 두 발을 가지고 **결코 꺼지지 않는 불 속인 지옥**에 던져지는 것보다 절름발이로 생명에 들어가는 것이 더 나으니라 (마가복음 9장 45절)

네 눈이 너를 실족케 하거든 뽑아 버리라 두 눈을 가지고 지옥 불에 던져지는 것보다는 한 눈으로 하나님의 나라에 들어가는 것이 더 나으니라 (마가복음 9장 47절)

부자가 지옥에서 고통 받는 중에 눈을 들어 저 멀리 아브라함을 보았더니 나사로가 그의 품에 있는지라 (누가복음 16장 23절)

하나님께서는 죄를 지은 천사들조차 아끼지 않으시고 지옥에 던져서 흑암의 사슬에 내어주어 심판 때까지 가두어 두셨으며 (베드로후서 2장 4절)

자기 수치의 거품을 뿜는 바다의 거친 물결이요 **영원히 예비된 캄캄한 흑암으로 돌아갈** 유리하는 별들이라 (유다서 1장 13절)

하나님을 모르는 자들과 우리 주 예수의 복음을 복종치 않는 자들에게 형벌을 주시리니 이런 자들이 주의 얼굴과 그의 힘의 영광을 떠나 **영원한 멸망의 형벌**을 받으리로다 (데살로니가후서 1장 8절 ~ 9절)

또 다른 천사 곧 셋째가 그 뒤를 따라 큰 음성으로 가로되 만일 누구든지 짐승과 그의 우상에게 경배하고 이마에나 손에 표를 받으면 그도 하나님의 진노의 포도주를 마시리니 그 진노의 잔에 섞인 것이 없이 부은 포도주라 거룩한 천사들 앞과 어린 양 앞에서 불과 유황으로 고난을 받으리니 그 **고난의 연기가 세세토록 올라가리로다** 짐승과 그의 우상에게 경배하고 그

이름의 표를 받는 자는 누구든지 밤낮 쉼을 얻지 못하리라 하더라 (요한계시록 14장 9절 ~ 11절)

또 저희를 미혹하는 마귀가 불과 유황 못에 던지우니 거기는 그 짐승과 거짓 선지자도 있어 **세세토록 밤낮 괴로움을 받으리라** (요한계시록 20장 10절)

누구든지 생명책에 기록되지 못한 자는 불못에 던지우더라 (요한계시록 20장 15절)

그러나 두려워하는 자들과 믿지 아니하는 자들과 흉악한 자들과 살인자들과 행음자들과 술객들과 우상 숭배자들과 모든 거짓말 하는 자들은 불과 유황으로 타는 못에 참예하리니 이것이 둘째 사망이라 (요한계시록 21장 8절)

성경 지옥과 관련된 말씀 중에서 4복음서 간에 중복된 내용의 말씀은 제외했어요. 그리고, 지옥으로 명시되어 있지는 않지만 지옥과 관련성이 있는 말씀은 포함했고요. 이상 추려진 지옥과 관련된 말씀 중에서 영원성과 관련된 말씀만 다시 추려서 자세히 살펴볼까요?

네 손이 너를 실족케 하거든 잘라 버리라 두 손을 가지고 **결코 꺼지지 않는 불속인 지옥**에 들어가는 것보다 불구자로 생명에 들어가는 것이 더 나으니라 (마가복음 9장 43절)

네 발이 너를 실족케 하거든 잘라 버리라 두 발을 가지고 **결코 꺼지지 않는 불 속인 지옥**에 던져지는 것보다 절름발이로 생명에 들어가는 것이 더 나으니라 (마가복음 9장 45절)

성경 이 말씀에서 "결코 꺼지지 않는 불속인 지옥"이라는 말씀은 지옥의 영원성을 말하는 것처럼 보여요. 사실 지옥도 백보좌 심판 후에 유황불못에 떨어지므로 영원하지는 않지만 형벌의 장소라는 의미에서의 영원성으로 볼 때는 맞는다고 볼 수 있겠죠. 그런데, 여기서 언급하는 말씀에서 지옥 자체에 대한 영원성을 언급하고 있지 지옥에 들어간 자들의 고통의 영원성을 언급하고 있지 않다는 것이죠. 다른 말로 하면, 지옥에서 영원히 고통받으며 있게 된다고 말하고 있지 않은 것이죠.

또 다른 천사 곧 셋째가 그 뒤를 따라 큰 음성으로 가로되 만일 누구든지 짐승과 그의 우상에게 경배하고 이마에나 손에 표를 받으면 그도 하나님의 진노의 포도주를 마시리니 그 진노의 잔에 섞인 것이 없이 부은 포도주라 거룩한 천사들 앞과 어린 양 앞에서 불과 유황으로 고난을 받으리니 그 **고난의 연기가 세세토록 올라가리로다** 짐승과 그의 우상에게 경배하고 그 이름의 표를 받는 자는 누구든지 밤낮 쉼을 얻지 못하리라 하더라 (요한계시록 14장 9절 ~ 11절)

성경 이 말씀에서 "고난의 연기가 세세토록 올라가리로다"는 말씀은 영원한 고난을 의미하는 것처럼 보일 수도 있어요. 그러나, 이 말씀에서 세세토록 올라간다고 명백하게 표현된 것은 고난이 아닌 연기뿐입니다. 연기는 분명히 영원히 올라갈 것이라고 말씀하고 있어요. 그러나, "고난의 연기"의 의미는 "완료된 고난의 연기"를 의미하는지 "진행 중인 고난의 연기"를 의미하는지는 알 수 없어요. 마치 "화

산의 연기가 끊임없이 올라온다."고 할 때 화산의 연기가 화산활동이 종료된 연기를 의미하는지 화산활동이 진행 중인 연기를 의미하는지 알 수 없는 것과 같죠.

내가 지을 새 하늘과 새 땅이 내 앞에 항상 있는 것 같이 너희 자손과 너희 이름이 항상 있으리라 여호와의 말이니라 여호와가 말하노라 매월 초하루와 매 안식일에 모든 혈육이 내 앞에 나아와 예배하리라 그들이 나가서 내게 패역한 자들의 **시체**들을 볼 것이라 그 벌레가 죽지 아니하며 그 불이 꺼지지 아니하여 모든 혈육에게 가증함이 되리라 (이사야 66장 22절 ~ 24절)

이사야서 말씀을 보면 벌레도 죽지 않고 불도 꺼지지 않는 곳에서 영혼 없는 시체들이 타고 있는 모습을 새 하늘과 새 땅의 성도들이 매 절기마다 보고 있는 모습이 묘사되어 있어요. "그 고난의 연기가 세세토록 올라가리로다"의 말씀이 실제화된 상황은 이런 상황이라는 것을 성경은 말씀하고 있다고 볼 수 있지 않을까요?[8]

성도 선생님! 죄송한데 이러한 해석은 좀 억지스러운 것 같아요. 말씀하신 대로 다른 해석의 가능성은 있어는 보입니다. 그러나, 문맥의 흐름상 이 말씀들 모두 영원한 지옥 고통으로 해석하는 것이 자연스럽지 않을까요? 영원한 고통이 아니라면 왜 군이 "결코 꺼지지 않는 불속인 지옥"이라든지 "고난의 연기가 세세토록 올라가리로다"로 표현했을까요? 문맥상 해석이 가능한 것을 선택하는 것이 아닌 문맥상 자연스러운 것을 선택해야 하는 것 아닐까요?

---

8)   심화토론 4. 영생은 영원한 생명을 영벌은 영원한 형벌을 의미하는가? 참조

성경 좋은 지적입니다. 문맥을 통해 성경을 보는 것은 성경을 보는 바른 관점입니다. 그런데, 저는 성경을 보는 가장 중요한 기준은 하나님의 성품이라고 말씀드렸어요. 과연 모든 불신자의 사후 영원한 지옥 형벌이 하나님의 성품에 부합할까요? 그러나, 하나님의 성품만 가지고 다른 해석의 가능성을 언급한다면 듣는 입장에서 설득력이 약하겠죠. 그렇다면, 영원한 지옥을 지지하는 것처럼 보이는 이 말씀과 정반대의 입장에 서 있는 말씀이 있고, 그 말씀 역시 문맥상 지지를 받고 있다면 어떠한 말씀을 선택하는 것이 옳을까요? 두 종류의 말씀 다 하나님의 말씀인데 하나를 선택하고 하나를 버리는 것이 맞을까요? 아니면 두 종류의 말씀을 모두 통일할 수 있는 해석을 하는 것이 맞을까요?

성도 물론 성경 전체를 통해 통일된 말씀으로 해석하는 것이 맞겠죠? 왜냐하면, 하나님의 말씀은 모순될 수 없으니까요. 그런데, 어떠한 성경말씀을 말하시는 건가요? 궁금하네요.

지성 저도 무지 궁금한데요? 본격적인 논쟁이 불타오르는 것 같아 재미있을 것 같아요.

성경 혹시, 만유구원론 또는 만물구원론이라고 들어보셨나요?

성도 저도 들어는 본 거 같아요. "온 인류가 구원을 받는다."는 의미로 알고 있어요. 그런데, 잘못된 학설 아닌가요?

성경 먼저, 성경은 분명히 영생과 영벌을 말하고 있기 때문에 저는 만유구원론을 지지하지 않습니다. 그런데, 만유구원론의 유래와 현대신학에 대해서 먼저 말씀드리고 싶네요. 만유구원론은 초대 교회부터 있었어요. 고대 교부시대에 클레멘스와 오리게네스 등이 만유구원론을 주장했다고 해요. 그런데, 4세기 성 어거스틴을 비롯한 콘스탄티노플 공회에서 이단으로 정죄되면서 잠잠해졌다고 하구요. 그 후 현대 신학자들 사이에서 주요 연구주제로 많은 논문들이 나오고 있다고 하네요. 대표적으로는 칼바르트, 위르겐몰트만 등이 있다고 합니다. 이처럼 만유구원론은 초대 교회 때부터 현재에 이르기까지 신학자들 사이에서 논쟁의 중심에 서 있는 주제이기도 하지요. 물론 교회는 사후 심판의 영원성만을 수용하지만요.

성도 만유구원론의 유래가 생각보다 매우 오래되었고 귀에 익숙한 교부나 신학자분들도 꽤 있네요! 의외네요.

성경 위키디피아에서 만유구원론에 대한 대표적 성경구절 중 문맥상으로 반박하기 어려운 구절만 뽑아봤어요.

내가 땅에서 들리면 **모든 사람**을 내게로 이끌겠노라 하시니 (요한복음 12장 32절)

하늘에 있는 자들과 땅에 있는 자들과 **땅 아래에 있는 자들**로 모든 무릎을 예수의 이름에 꿇게 하시고 모든 입으로 예수 그리스도를 주라 시인하여 하나님 아버지께 영광을 돌리게 하셨느니라 (빌립보서 2장 10절 ~ 11절)

아담 안에서 모든 사람이 죽은 것 같이 그리스도 안에서 모든 사람이 삶을 얻으리라 그러나 각각 자기 차례대로 되리니 먼저는 첫 열매인 그리스도요 다음에는 그가 강림하실 때에 그리스도에게 속한 자요 **그 후에는 마지막이니 그가 모든 통치와 모든 권세와 능력을 멸하시고 나라를 아버지 하나님께 바칠 때라** (고린도전서 15장 22절 ~ 24절)

요한복음 말씀에서 분명히 예수님은 "모든 사람"을 예수님께로 이끌겠다고 했어요. 그런데, 복음을 듣지 못하고 죽은 사람들이 헤아릴 수 없이 많은데 "사후 심판의 영원성"을 받아들이면 이 말씀은 부정되는 것 아닐까요?

빌립보서 말씀에서 모든 "땅 아래에 있는 자들" 즉 모든 지옥에 있는 자들도 예수 그리스도를 주라 시인하고 하나님 아버지께 영광을 돌리게 하신다고 했는데, "사후 심판의 영원성"을 받아들이면 이 말씀은 가능할까요?

고린도전서 말씀에서 "모든 사람이 삶을 얻으리라"고 했고, 그 모든 사람에는 성경 문맥으로 보면 "그가 강림하실 때에 그리스도에게 속한 자"인 첫째 부활과 "그 후에는 마지막이니 그가 모든 통치와 모든 권세와 능력을 멸하시고 나라를 아버지 하나님께 바칠 때라"의 둘째 부활을 모두 포함하는데 "사후 심판의 영원성"을 받아들이면 둘째 부활 시 구원은 부정되는 것이 되니 이 말씀도 부정되는 것 아닐까요?

지성 성도야! 나는 성경을 잘 모르지만 선생님 말씀이 타당해 보이는데, 너는 어떻게 생각하니?

성도 그럼, 이 말씀은 어떤가요? 명백히 영원한 사후 심판에 대한 말씀 아닌가요?

또 저희를 미혹하는 마귀가 불과 유황 못에 던지우니 거기는 그 짐승과 거짓 선지자도 있어 **세세토록 밤낮 괴로움을 받으리라** (요한계시록 20장 10절)
또 왼편에 있는 자들에게 이르시되 저주를 받은 자들아 나를 떠나 마귀와

그 사자들을 위하여 **예비된 영영한 불**에 들어가라 (마태복음 25장 41절)

성경 이 말씀들은 백보좌 심판 즉, 최후의 심판 이후의 영원성에 대한 말씀이네요. 저는 백보좌 심판 시점의 구원의 가능성에 대한 성경적 의견을 말씀드린 것이니 "사후 심판의 영원성"과는 무관한 성경구절이네요. "사후 심판의 영원성"에 대한 다른 성경구절은 없나요?

성도 흠~~~ 글쎄! 그럼, 이 성경구절은 어떨까요? 데살로니가후서 및 유다서에서의 지옥에서 고통받는 자의 영원성을 언급하는 것으로 보이는 이 구절들은 너무 명백해 보이거든요.

하나님을 모르는 자들과 우리 주 예수의 복음을 복종치 않는 자들에게 형벌을 주시리니 이런 자들이 주의 얼굴과 그의 힘의 영광을 떠나 **영원한 멸망의 형벌**을 받으리로다 (데살로니가후서 1장 8절 ~ 9절)
자기 수치의 거품을 뿜는 바다의 거친 물결이요 **영원히** 예비된 캄캄한 흑암으로 돌아갈 유리하는 별들이라 (유다서 1장 13절)

성경 헬라어인 원어 성경을 보면 데살로니가에서의 "영원한"은 "**아이오니온**"이고 유다서의 "영원히"는 "**아이오나**"예요. 이 용어는 "한평생" 또는 "한세상"을 의미하는 "**아이온**"의 형용사 및 부사적 변형으로 "**이 세상(또는 이 시대) 끝까지**"의 의미로 해석될 수 있어요. 우리가 통상 생각하는 절대적인 영원과는 의미가 다르지요. "**아이온**"의 형용사 및 부사적 변형인 "**아이오니온**" 및 "**아이오나**"가 "**이 세상(또는 이 시대) 끝까지**"의 의미로 해석될 수 있다는 것은 같은 유다서 내

의 다른 성경구절에서 "**아이온**"을 어떻게 사용하고 있는지를 보면 더욱 분명해집니다. [9)]

또 자기 지위를 지키지 아니하고 자기 처소를 떠난 천사들을 **큰 날의 심판까지 영원한 결박**으로 흑암에 가두셨으며 (유다서 1장 6절)

유다서 1장 6절 말씀에서 "영원한"은 헬라어 성경에서 "**아이온**"의 형용사적 변형인 "**아이디오이스**"인데 "영원한"으로 해석되어 있어요. 그런데, "영원한"으로 해석할 때 문맥상의 문제가 생깁니다. 앞 구절에서 결박의 시한을 "큰 날의 심판까지"라고 분명하게 언급하고 있기 때문입니다. 즉, 결박의 시효가 있다는 것이죠. "큰 날의 심판"은 백보좌 심판을 말씀하시는 것이 분명한데 백보좌 심판은 인류의 구속사의 한 시대 또는 한 세상이 종료되고 영벌과 영생이 나누어지는 새 시대의 분기점이 되는 심판입니다. 따라서, "**아이디오이스**"는 "**이 세상(또는 이 시대) 끝까지**"로 해석하는 것이 타당하다고 볼 수 있지요.

지성 그럼, 성도가 말한 성경 말씀에서 영원은 백보좌 심판이라고도 하는 최후의 심판까지라는 의미인가요?

성경 지성 씨! 이해가 매우 빠르네요! 맞아요. "사후 심판의 영원성"에 대해 더 다루고 싶은 성경구절은 없나요?

성도 네! 신약에 있어서는 다 검토한 것 같아요.

---

9) 심화토론의 3. 성경에서 말씀하는 영원의 원어적 의미는 무엇인가? 참조

7.

지옥에 있는 자들은
어떻게 구원을 받을 수 있는가?

성도 저는 이제까지 당연하게 성경이 살아 있을 동안에 예수님을 영접하
지 않으면 영원한 심판을 받으며 다시 기회는 없다고 말하고 있다
고 알아왔습니다. 그런데, 선생님 말씀을 통해 보니 그렇지 않을 수
도 있다는 생각이 드네요. 그런데, 둘째 부활 시 구원받는 자가 있
다면 그들은 도대체 언제 예수님을 영접하고 구원에 이르게 된 것
입니까?

지성 저도 사후에도 구원의 기회가 있다는 말씀은 좋지만 구체적으로 그
것이 어떻게 이루어질 수 있다는 말씀인지 궁금하네요.

성경 성경은 하나님께 용서받을 수 없는 죄가 있다고 말하고 있습니다.
그것은 성령훼방죄죠.

그러므로 내가 너희에게 이르노니 사람의 모든 죄와 훼방은 사하심을 얻
되 성령을 훼방하는 것은 사하심을 얻지 못하겠고 또 누구든지 말로 인자

를 거역하면 사하심을 얻되 누구든지 말로 성령을 거역하면 이 세상과 **오는 세상에도** 사하심을 얻지 못하리라 (마태복음 12장 31절 ~ 32절)

성령훼방죄는 이 세상뿐 아니라 오는 세상에서도 용서받지 못한다고 하고 있어요. 이 세상은 지금 살고 있는 세계가 명백한데 오는 세상은 무엇일까요? 오는 세상은 백보좌 심판 이후 영생과 영벌이 갈라지며 새 하늘과 새 땅이 창조되어 새로운 역사가 시작되는 시점이라고 말씀드렸었죠. 이러한 기준으로 볼 때 성령훼방죄는 백보좌 심판에서도 용서받지 못하고 영벌에 처하는 죄라는 의미가 되는 것이죠. 성령훼방죄가 오는 세상에서 용서받지 못한다면 성령훼방죄 이외의 죄는 오는 세상 즉 백보좌 심판에서 용서받을 수 있다는 말씀이 되는 것 아닐까요?

성도 이런 식으로는 해석을 안 해 봤는데 말은 되는 것 같네요.

성경 다음으로 성경에 나와 있는 부자와 나사로 이야기를 다시 살펴볼까요?

그가 음부에서 고통중에 눈을 들어 멀리 아브라함과 그의 품에 있는 나사로를 보고 불러 이르되 아버지 아브라함이여 나를 긍휼히 여기사 나사로를 보내어 그 손가락 끝에 물을 찍어 내 혀를 서늘하게 하소서 내가 이 불꽃 가운데서 괴로워하나이다 아브라함이 이르되 얘 너는 살았을 때에 좋은 것을 받았고 나사로는 고난을 받았으니 이것을 기억하라 이제 그는 여기서 위로를 받고 너는 괴로움을 받느니라 그뿐 아니라 너희와 우리 사이에 큰 구렁텅이가 놓여 있어 여기서 너희에게 건너가고자 하되 갈 수 없고 거기서 우리에게 건너올 수도 없게 하였느니라 이르되 그러면 **아버지여 구하노니 나사로를 내 아버지의 집에 보내소서 내 형제 다섯이 있으니 그들에게 증언하게 하여 그들로 이 고통 받는 곳에 오지 않게 하소서** 아브라함이 이르되 그들에게 모세와 선지자들이 있으니 그들에게 들을지니라 **이르되 그렇지 아니하니이다 아버지 아브라함이여 만일 죽은 자에게서 그들에게 가는 자가 있으면 회개하리이다** 이르되 모세와 선지자들에게 듣지 아니하면 비록 죽은 자 가운데서 살아나는 자가 있을지라도 권함을 받지 아니하리라 하였다 하시니라 (누가복음 16장 23절 ~ 31절)

죽어서 지옥으로 떨어진 나사로는 아브라함에게 불쌍히 여겨 달라며, 목을 축여 줄 것을 애원하고 있어요. 아브라함이 큰 구렁텅이가 있어서 도울 수 없다고 하자 이번에는 나사로를 자신의 형제들에게 보내어 지옥으로 오지 않게 해 달라고 애원합니다. 그러면서, 죽었다가 살아난 사람이 찾아가면 "**회개**"할 것이라고 말하고 있어요. 여기서 부자의 태도를 살펴볼까요? 부자는 단순히 자신의 목을 축이는 것만을 원하지 않죠. 형제들의 안위를 걱정하고 그들이 **회개**할 수 있기를 간절히 소망하고 있어요. 이 모습을 보면 생각나는 사람이 있지 않은가요? 바로 십자가상의 회개한 강도입니다. 그가 회개라는 언어는 전혀 쓰지 않았지만 그의 예수님을 대하는 태도를 통해 회개한 자임을 알 수 있어요. 이 형제를 생각하고 회개하기를 원하는 모습이 형제 사랑이고, 부자 본인의 회개한 모습이 아닌가요? 이 말씀은 죽은 자의 심판을 보여 주는 말씀이기도 하지만 **지옥에서의 회개의 가능성**을 보여 주기도 하는 말씀이 되지 않을까요?

성도 이 말씀은 영원한 심판으로만 이해했지 회개의 가능성을 보여 주는 말씀으로는 본 적이 없는데, 정말 부자가 **"회개"**라는 단어를 썼네요. 그렇다면, 부자 본인도 회개의 마음이 있다는 것이 타당해 보이는데요.

성경 하나님이 지옥에서 회개의 마음을 가진 사람들을 외면하실까요? 베드로전서의 이 말씀은 어떠세요?

그리스도께서도 단번에 죄를 위하여 죽으사 의인으로서 불의한 자를 대신하셨으니 이는 우리를 하나님 앞으로 인도하려 하심이라 육체로는 죽임을 당하시고 영으로는 살리심을 받으셨으니 **그가 또한 영으로 가서 옥에 있는 영들에게 선포하시니라 그들은 전에 노아의 날 방주를 준비할 동안 하나님이 오래 참고 기다리실 때에 복종하지 아니하던 자들이라 방주에서 물로 말미암아 구원을 얻은 자가 몇 명뿐이니 겨우 여덟 명이라** (베드로전서 3장 18절 ~ 20절)

성도 어! 이런 말씀이 성경에 있었나요? 왜 처음 보는 말씀 같죠?

성경 기독교에 여러 난해구절이 있는데 대표적 난해구절 가운데 하나입니다. 당연히, 현재의 교리로는 해석이 되지 않는 성경구절이죠. 그래서, 목사님들이 설교 시 잘 다루지 않는 말씀이시죠. 그럼, 이 구절에 대해 우리 마음의 문을 열고 살펴볼까요? 베드로전서 3장에서 베드로는 노아의 방주 때 겨우 여덟 사람만 구원받고 모두 멸망하였는데 그들에게 예수님이 선포하셨다고 말하고 있어요. 하나님이신 예수님께서 그들에게 단지 구원을 위한 특별한 목적이 없이 선포만 하시면서 너희는 해당사항 없다고 말씀하시기 위해 찾아가셨을까요? 이러한 해석이 하나님의 성품에 부합하는 하나님의 말씀으로 타당할까요? "방주에서 물로 말미암아 구원을 얻은 자가 몇 명뿐이니 겨우 여덟 명이라"는 말씀은 왜 있을까요? 그들을 구원하시기 위해 복음을 선포하셨다고 보는 것이 더 합당하지 않을까요? 베드로전서 4장을 이어서 살펴볼까요?

이러므로 너희가 그들과 함께 그런 극한 방탕에 달음질하지 아니하는 것을 그들이 이상히 여겨 비방하나 그들이 산 자와 죽은 자를 심판하기로 예비하신 이에게 사실대로 고하리라 **이를 위하여 죽은 자들에게도 복음이 전파되었으니 이는 육체로는 사람으로 심판을 받으나 영으로는 하나님을 따라 살게 하려 함이라** (베드로전서 4장 4절 ~ 6절)

베드로전서 4장에서 베드로는 단지 노아의 홍수 시절 죽은 자들뿐 아니라 모든 불신 가운데 죽은 자들로 그 복음 전파의 범위를 확장하고 있어요. 그리스도인을 이상히 여기며 비방하는 불신자들에 대해 육체로는 인간이 받는 심판인 지옥 형벌을 받지만 영으로는 하나님을 따라 살 수 있게 하려고 한다고 말씀하고 있죠. 그리고, 이 복음은 누가 전하고 있나요? 베드로전서 3장에서 그리스도가 영으로 전파하고 있다고 하고 있죠.

지성 저도 예전에 교회를 다닌 적이 있는데 정말 들어 본 적이 없는 성경 구절이에요. 목사님들도 현재의 교리로는 해석이 어려운 구절이라 말씀을 안 하신 거 같네요.

성경 성경의 해석이 바르게 된 진리라면 어떠한 다른 성경 말씀에도 답변이 가능해야 할 것입니다. 온전한 해석은 모순되어 보이고 다룰 수 없는 구절들도 다 통합되어서 보일 거예요.

8.

예수님은 십자가에 못 박혀 돌아가신 후 어떤 일을 하셨나?

성도 그럼, 예수님의 십자가를 통한 대속은 지옥에 있는 자들까지 구원할 수 있는 대속이었다는 말씀이네요.

성경 네! 맞습니다. 그러나, 예수님은 지옥에 있는 자들을 구원하시기 위해 또 다른 수난을 감수하셔야 했어요. 아시는 것처럼 예수님은 우리 인류를 구원하시기 위해 이 땅의 가장 낮은 곳인 마구간으로 오셨으며, 인간으로서의 모든 것을 경험하셨어요. 그 이후 십자가 사건을 통해 대속을 이루셨습니다. 십자가 사건이 있기 전에 30년간의 인간으로서의 삶이 있었던 것이죠.

우리에게 있는 대제사장은 우리의 연약함을 동정하지 못하실 이가 아니요 모든 일에 우리와 똑같이 시험을 받으신 이로되 죄는 없으시니라 (히브리서 4장 15절)

현세에 살고 있는 인류를 구원하기 위해 예수님이 인간이 되어 우리의 연약함을 체험하신 것처럼 지옥에서 예수님께서 복음을 전파하기 위해서는 지옥에서 심판받는 인간처럼 되셔야 했죠. 그리고 예수님은 그렇게 되셨습니다. 예수님께서 지옥심판을 받는 고통을 체험하셨다는 것이 낯설게 느껴질 수 있습니다. 그러나, 실상 성경에는 이에 대한 많은 증거들이 있습니다.

지성 씨 혹시 사도신경 아세요?

지성 네! 예전에 교회 다닐 때 줄줄 외우고 예배 때마다 반복했던 거라 알고 있습니다.

성경 사도신경의 이 부분 한 번 읽어 주실래요?

지성 넵!

본디오 빌라도에게 고난을 받으사 십자가에 못 박혀 죽으시고

장사한 지 사흘 만에 죽은 자 가운데서 다시 살아나시며

성경 감사합니다. 그런데, 혹시 아시나요? 사도신경의 원문에도 있고 천주교의 사도신경에도 있고 심지어는 개신교의 영어 성경에도 표현되어 있으나 오직 한글 사도신경에만 제외된 문구가 있다는 사실이요.

지성, 성도 함께 정말이요? 뭔데요?

성경 NIV 사도 신경에서 지성 씨가 읽은 동일 문구를 볼까요?

suffered under Pontius Pilate, was crucified, dead, and buried;

he descended into hell, the third day he rose again from the dead

천주교의 사도신경에서 동일 문구를 볼까요?

십자가에 못 박혀 돌아가시고 묻히셨으며
저승에 가시어 사흘날에 죽은 이들 가운데서 부활하시고

공의회 이전에는 종도신경이 있었는데 이것이 오늘날의 사도신경이 되었어요. 종도신경에서 동일 문구도 한번 볼까요?

십자가에 못 박혀 죽으시고 묻히심을 믿으며,
지옥에 내리사 사흘날에 죽은 자 가운데로 조차 다시 살으심을 믿으시며,

성경 발견하셨나요?
지성, 성도 함께 네!
성경 뭔가요?
지성 왜 한글 사도신경에만 지옥에 가셨다는 말씀이 없지요?
성경 예수님이 십자가에 못 박히신 후 지옥으로 내려가셨음을 다양한 사
　　　도신경이 증거하나 오직 한글 사도신경에만 누락되어 있어요. 왜
　　　성경을 번역하시는 분들은 "he descended into hell" 이 부분의 번
　　　역을 누락했을까요? 성경 번역의 오류가 발생하는 주요 원인 중에
　　　하나가 여기에 있는 것이지요. 성경에 대한 교리적 이해를 가지고
　　　성경을 번역하기 때문에 교리상 불편한 구절은 바꾸거나, 빼 버리
　　　는 것이지요. 불편한 구절은 우리가 성경을 끊임없이 연구해서 성
　　　경 전체에 걸쳐 통일된 해석의 길을 찾아야 하는 것이지 바꾸어서

는 아니 되겠지요? 성경의 권위의 절대성을 인정한다면 불편하면 불편한 대로 성경을 번역하면 누군가는 그것을 해석할 수 있지 않겠어요?

성도 네! 맞는 말씀이신 것 같습니다.

지성 그런데, 예수님께서는 십자가에 못 박혀 죽으신 후 지옥에 가시어서 어떠한 일을 하신 건가요?

성경 마태복음에서 예수님이 요나를 자신에 비유하여 말씀하신 구절을 한번 볼까요?

요나가 밤낮 사흘을 큰 물고기 배 속에 있었던 것 같이 인자도 밤낮 사흘을 땅속에 있으리라 (마태복음 12장 40절)

예수님은 무리가 모였을 때 이 세대는 악한 세대여서 표적을 구하나 요나의 표적밖에는 보일 표적이 없다고 말씀하고 계십니다. 우리는 요나가 니느웨에 가서 회개를 외치라는 하나님의 말씀에 순종하지 않고 다른 곳으로 가는 배를 탔을 때, 바다 한가운데 큰 풍랑이 일어나 요나를 배에 탄 사람들이 바다에 던졌을 때, 하나님이 큰 물고기를 예비하시어 3일간 요나가 물고기 배 속에 있었던 사건임을 잘 알고 있어요. 예수님께서 십자가에 못 박혀 돌아가신 후 3일간 무덤에 있었던 사건을 비유한 것으로서 잘 이해하고 있지요.

그러나, 요나의 표적의 의미가 이것뿐일까요? 요나서에 있는 물고기 배 속에서의 요나의 고백을 통해 요나의 표적의 의미를 다시 살펴볼까요?

요나가 물고기 배 속에서 그의 하나님 여호와께 기도하여 이르되 내가 받는 고난으로 말미암아 여호와께 불러 아뢰었더니 주께서 내게 대답하셨고 **내가 스올의 배 속에서 부르짖었더니** 주께서 내 음성을 들으셨나이다 주께서 나를 깊음 속 바다 가운데에 던지셨으므로 큰 물이 나를 둘렀고 주의 파도와 큰 물결이 다 내 위에 넘쳤나이다 내가 말하기를 내가 주의 목전에서 쫓겨났을지라도 다시 주의 성전을 바라보겠다 하였나이다 물이 나를 영혼까지 둘렀사오며 깊음이 나를 에워싸고 바다 풀이 내 머리를 감쌌나이다 **내가 산의 뿌리까지 내려갔사오며 땅이 그 빗장으로 나를 오래도록 막았사오나** 나의 하나님 여호와여 주께서 내 생명을 구덩이에서 건지셨나이다 내 영혼이 내 속에서 피곤할 때에 내가 여호와를 생각하였더니 내 기도가 주께 이르렀사오며 주의 성전에 미쳤나이다 (요나서 2장 1절 ~ 7절)

이 고백은 요나가 물고기 배 속에서 한 고백입니다. 이 고백처럼 요나가 실제로 구약에서 죽은 자들이 가는 곳인 스올에 가서 고통을 당했는지 그 심정을 표현한 것인지는 알 수 없어요. 그리고, 요나가 실제로 바다 밑 산의 뿌리까지 내려가 그곳에 갇혀 있었는데 본인의 심정을 그렇게 쓴 것인지는 알 수 없어요. 그러나, 스올이 구약에서 죽은 자들이 가는 곳으로 신약에서도 종종 지옥으로 표현되는 것을 보면 알 수 있듯이 이 표현은 저승 또는 지옥의 표현과 가깝다고 볼 수 있죠. 그리고, "산의 뿌리"라는 표현 역시 저승 또는 지옥의 표현에 부합한다고 볼 수 있죠.

성도 요나의 고백은 자신의 심정에 대한 시적 고백일 뿐 그 이상의 해석은 비약 아닌가요? 예수님이 말씀하신 요나의 표적은 3일간 무덤에 계신 것으로만 보는 것이 타당하지 않을까요?

성경 그런데, 성도 씨! 성경에서 시적 영감에 의해 쓰여진 많은 것들이 예수님의 십자가 사건을 통해 성취된 것을 알고 있나요?

성도 네! 주로 시편 말씀에서 많이 인용된 것으로 알고 있어요.

성경 네! 맞아요! 한번 볼까요?

사도요한은 군병들이 옷을 나누고 제비 뽑은 사건을 성경을 응하게 하기 위한 것이라고 말하고 있어요. 그리고, 이 성경은 시편에 나오는 성경에 근거한 것이죠.

군병둘이 예수를 십자가에 못 박고 그의 옷을 네 깃에 나눠 각각 한 깃씩 얻고 속옷도 취하니 이 속옷은 호지 아니하고 위에서부터 통으로 짠 것이라 군병들이 서로 말하되 이것을 찢지 말고 누가 얻나 제비 뽑자 하니 **이는 성경에 저희가 내 옷을 나누고 내 옷을 제비 뽑나이다 한 것을 응하게 하려 함이러라** 군병들은 이런 일을 하고 (요한복음 19장 23절 ~ 24절)
내 겉옷을 나누며 속옷을 제비 뽑나이다 (시편 22편 18절)

사도 요한은 또한 예수님께서 십자가에서 목마르다고 하신 말씀도 시편의 말씀이 응한 것이라고 기술하고 있어요.

그 후에 예수께서 모든 일이 이미 이루어진 줄 아시고 성경을 응하게 하려 하사 이르시되 내가 목마르다 하시니 (요한복음 19장 28절)

내가 부르짖음으로 피곤하여 나의 목이 마르며 나의 하나님을 바라서 나의 눈이 쇠하였나이다 (시편 69편 3절)

사도 요한은 또한 십자가에서 돌아가실 때 예수님의 뼈가 부러지시지 않은 말씀도 시편의 말씀이 응한 것이라고 기술하고 있지요.

이 일이 일어난 것은 그 뼈가 하나도 꺾이지 아니하리라 한 성경을 응하게 하려 함이라 (요한복음 19장 36절)
그의 모든 뼈를 보호하심이여 그 중에서 하나도 꺾이지 아니하도다 (시편 34편 20절)

이처럼 사도 요한은 구약에서 시편 저자들이 자신의 형편에 따른 심정을 시적으로 표현한 것들을 십자가 사건의 예언으로 이해한 것이죠.
그렇다면, 예수님은 직접 요나의 표적을 보여 주시겠다고 명백하게 말씀하셨는데 요나의 고백을 예수님이 십자가에서 돌아가신 후 3일간의 사건을 묘사한 예언이라고 이해하는 것이 큰 무리일까요? 예수님께서 십자가에서 돌아가신 후 지옥에서 고난을 당하셨다고 해석하는 데 있어 아직도 무리라고 보이나요?

성도 흠~~~

성경 그리고, 특별히 예수님이 요나처럼 3일간 지옥에 있을 것이라고 말씀하셨다면 요나의 시적 고백처럼 지옥에서 고난을 받으셨다고 보는 것이 타당하지 않을까요?

요나가 밤낮 사흘을 큰 물고기 배 속에 있었던 것 같이 인자도 밤낮 사흘을 **땅속**에 있으리라 (마태복음 12장 40절)

이 말씀에서 헬라어 원문 성경을 보면 "**땅속**"은 "**엔 테 카르 디아 테스 게스**"로 문자적으로 "땅의 심장"을 의미합니다. 단순하게 땅속이 아닙니다. 땅의 심장은 그 당시 유대인들은 죽은 자들이 가는 곳이라고 알고 있는 "음부"인 것이죠. 예수님은 3일간 "음부"에 있을 것이라고 직접 말씀하신 것이에요.

성도 이 부분도 헬라어 원문처럼 "**땅의 심장**"으로 성경을 번역했다면 좀 더 분명히 이해할 수 있었을 텐데 아쉽네요.

성경 네! 동감입니다. 그러면, 아래의 성경구절들을 더 살펴볼까요?

오순절 성경 강림 이후 베드로는 담대하게 모인 자들에게 다윗의 시편 고백을 예언으로 취하여 선포하는데 그 내용 중에는 다음과 같은 구절이 있습니다.

주님께서 내 영혼을 **지옥**에 버리지 않으시며, 주님의 거룩한 분을 썩지 않게 하실 것이다 (새번역 사도행전 2장 27절)

그래서 그는 그리스도의 부활을 미리 내다보고 말하기를 '그리스도는 **지옥**에 버려지지 않았고, 그의 육체는 썩지 않았다' 하였습니다 (새번역 사도행전 2장 31절)

이 구절은 예수님이 지옥에 버려지시지 않고 부활하실 것에 대한 예언이라고 베드로는 말하고 있어요. 우리는 사도신경을 통해 예수님께서 지옥에 내려가셨음을 알게 되었어요. 그리고, 베드로의 설교를 통해 지옥에 버려지지 않았다는 말씀도 확인했어요. 이것을 통해 우리는 무엇을 알 수 있을까요? 예수님이 단순히 지옥에 십자가를 통한 승리를 선포하기 위해 내려가셨다면 "그리스도는 지옥에 버려지지 않았고"라는 표현을 쓸 필요가 있을까요? 오히려 "지옥의 고난 속에서 견디고 승리하셨다"라고 보는 것이 더 타당하지 않을까요?

새번역 및 킹제임스 버전에서 "지옥"으로 표현된 부분을 개역개정에서는 "음부"로 표현하고 있어요. 구약에서 "음부"가 의인과 불의한 자를 구별하지 않고 모든 죽는 자가 가는 곳이라면, 신약에서 "음부"는 항상 지옥을 의미합니다.

성도 "신약"에서 "음부"를 "지옥"으로 표현한 많은 번역본이 있기는 하지만 그렇다고 "신약"의 "음부"는 지옥이다라고 단언하는 것은 확대해석 아닐까요? 물론 부자와 나사로 말씀에서 "음부"는 분명히 "지옥"이기는 하지만요.[10]

성경 그런가요? 그럼 다음 말씀을 본다면 확증될 수 있지 않을까요?

혹은 누가 **무저갱**[11]에 내려가겠느냐 하지 말라 하니 내려가겠느냐 함은 그리스도를 죽은 자 가운데서 모셔 올리려는 것이라 (로마서 10장 7절)

---

10)   심화토론의 1. 구약의 음부와 신약의 음부는 왜 다른가? 참조
11)   심화토론의 2. 음부와 무저갱에는 누가 있는가? 참조

로마서 10장 7절에서 지옥에서도 가장 낮은 곳이며 범죄한 천사가 형벌받는 곳인 "무저갱"에서 그리스도를 끌어올린다고 말씀하고 있어요. 로마서 10장 7절 말씀에서 개역개정을 제외한 다른 번역본은 모두 "무저갱"이 아닌 다른 표현을 쓰고 있으나 헬라어 성경으로 보면 "어비스"로 표현되어 "무저갱"으로 번역하는 것이 타당함을 알 수 있어요. 그리고, 학자들 간에 "음부"(헬라어 **하데스**)는 단순하게 사망으로 해석하는 등의 이견이 있기도 하지만 "무저갱"에 대해서는 지옥의 한 부분이라는 데 이견이 없습니다.

성도 이 말씀에서는 개역개정이 헬라어 원문에 충실하게 번역된 거네요?

성경 네! 각 성경별로 번역에 차이가 있어 여러 성경 번역본을 비교해 보고 원문도 찾아봐야 정확한 해석을 할 수 있는 경우가 많아요.

본 말씀에서 그리스도가 스스로 올라오셨나요? 아니면, 끌어 올려지셨나요? 승리를 선포하기 위해 지옥에 가신 예수님이라면 스스로 내려가시고 스스로 올라오셨다고 표현되지 않았을까요? 그러나, 지옥에서의 고난을 위해 가신 것이라면 끌어 올려지시는 수동태의 표현이 더 적합하지 않을까요? 이와 유사한 표현을 예수님의 40일간의 광야 금식의 시간에서도 발견할 수 있어요.

예수께서 성령의 충만함을 입어 요단 강에서 돌아오사 광야에서 사십 일 동안 **성령에게 이끌리시며** (누가복음 4장 1절)

광야에서 40일간의 금식은 예수님께는 시험의 시간이요 고난의 시간입니다. 이 시간에도 역시 예수님은 "성령에게 이끌리시며" 광야에 계셨어요. 예수님의 공생애에 있어 "성령에게 이끌리시며"라는 이 수동태적 표현은 성경에서 오직 한번 광야에서 40일간 금식 후 시험을 받으신 예수님의 시험의 시간, 고난의 시간에만 나옵니다. 예수님의 모든 선포와 치유사역은 성령에 이끌린 사역이기보다는 성령 안에서 성령과 동행하며 이루어진 사역이기 때문이지요.

성도 예수님이 저희들을 위해 무저갱까지 가셨다니 마음이 너무 아파요.

성경 네! 그리고, 사도신경 자체가 예수님께서 지옥에서 고난받으셨다는 가장 강력한 증거입니다. NIV 사도신경에서 다음 구절을 다시 볼까요?

he descended into hell, the third day he rose again from the dead

예수님께서 지옥에 내려가셨다고 영어 사도신경에 명백하게 나와 있어요. 그런데, 어떻게 다시 살아나셨나요? "from the dead" 즉 죽은 자들로부터 다시 살아나셨다고 하고 있어요. 단순하게 사망에서 살아나신 것이면 **"죽은 자들로부터 다시 살아나셨다"**는 표현보다는 **"죽음에서 다시 살아나셨다"**는 표현이 더 적합하겠죠. 그런데, **"죽은 자들로부터 다시 살아나셨다"**라고 표현하고 있어요. 예수님 주변에 죽은 자들이 있었던 것이죠. 죽은 자들은 누구일까요? "he descended into hell" 이 문구가 앞에 없었다면 단순하게 "죽은 자들로부터"를 "죽음에서"로 해석하는 것이 표현상 어색하지만 가능할 수도 있을 겁니다. 그런데, "he descended into hell" 이 문구로 인해 죽은 자들의 의미는 명백해집니다. 그것은 지옥에 있는 자들인 것이죠. "지옥에 있는 자들로부터 다시 살아나셨으며" 다시 풀어서 표현하면 이렇게 됩니다. "예수님께서는 지옥에 내려가셨다. 그리고, 지옥에서 고통받는 자들과 함께 죽어 있었다. 그리고, 3일 만에 죽은 자들로부터 부활하여 지옥에 있는 자들에게 지옥으로부터 부활의 첫 열매가 되셨다.

부활의 첫 열매는 단순하게 사망으로부터 부활의 첫 열매가 되신 것이 아닙니다. 지옥으로부터 부활의 첫 열매가 되신 것입니다.

성도 저는 사망으로부터 부활의 첫 열매가 되신 것으로만 아는데 지옥으로부터 부활의 첫 열매가 되셨다는 말씀은 매우 낯서네요

성경 그럴 거예요! 그럼, 이 말씀은 어때요?

곧 산 자라 내가 전에 죽었었노라 볼찌어다 이제 세세토록 살아 있어 **사망과 음부의 열쇠를 가졌노니** (요한계시록 1장 18절)

요한계시록에서 예수님은 요한에게 나타나실 때 전에 죽었다고 말씀하고 있어요. 그리고, 지금은 세세토록 살아 있어 사망과 음부의 열쇠를 가졌다고 말씀하고 계십니다. 어떻게 사망과 음부의 열쇠를 가지게 되셨을까요? 죽었다가 다시 사심으로 사망과 음부의 열쇠를 가지게 된 것이라고 말씀하고 있죠. 죽음을 이기심으로 사망과 음부의 열쇠를 가지시게 된 것입니다.

그러나 이제 그리스도께서 죽은 자 가운데서 다시 살아 잠자는 자들의 첫 열매가 되셨도다 (고린도전서 15장 20절)

아담이 범죄함으로 모든 인류는 사망에 갇히게 되었어요. 어느 누구도 사망을 피해갈 수 없죠. 그런데, 예수님이 사망을 이기신 첫 열매가 되심으로써 우리도 죽음을 이겨 영원한 생명을 소유할 것을 믿습니다.

열쇠는 자물쇠를 잠그고 푸는 역할을 합니다. 예수님은 사망 가운데서 부활하심으로 자물쇠로 단단히 잠겨 있던 사망의 문을 활짝 여서서 살아서 예수님을 믿는 자는 영생과 부활에 이르게 하신 것이죠.

그런데, 예수님께서는 분명하게 말씀하고 계시죠. 사망과 음부의 열쇠를 가졌다고 말이죠.

사망의 열쇠만 가지신 것이 아닙니다. 사망과 음부의 열쇠를 가지고 계십니다. 즉, 신약에서는 언제나 지옥을 말하는 음부의 열쇠를 가지고 계신 것이며, 지옥에 있는 자들에게 부활의 첫 번째 열매가 되신 것입니다.

살아서 예수님을 영접한 자들을 위해서는 사망의 열쇠만 있어도 부활의 첫 열매가 되실 수 있을 것입니다. 그들은 죽어서 지옥으로 가지 않을 것이기 때문이에요. 그러나, 지옥에 있는 자들의 부활의 첫 열매가 되시기 위해서는 지옥 문을 여실 수 있는 음부의 열쇠를 가지고 계셔야 합니다. 그래야, 살아서 예수님을 영접한 자들을 위해서 부활의 첫 열매가 되신 것처럼 불신자로 죽어 지옥에서 예수님을 영접한 자들에게 부활의 첫 열매가 되실 수 있는 것이죠.

이상을 통해 "예수님께서는 지옥으로 가셔서 고난을 당하심으로써 지옥에서 고통받는 영혼들의 고통에 참여하시었다."는 것을 확인하였습니다. 왜 이러한 고난을 당하셨을까요? 지옥에 있는 고통 받는 영혼을 불쌍히 여기셔서 그들에게 구원의 길을 열기 위한 하나님의 크고 은밀한 계획이라고 이해하는 것이 자연스럽지 않을까요? 지옥의 영혼들의 구원과는 아무 상관없이 단순히 체험코자 가신 것이라고 이해하는 것은 이상하지 않을까요?

성도 선생님 말씀 잘 이해했습니다. 그런데, 왜 "예수님이 십자가에 못 박혀 돌아가시고 지옥에서 고통을 체험하신 후 부활하셨다."고 성경에 명백하게 표현되어 있지 않고 간접적으로만 표현되어 있는 건가요?

성경 성경은 죽은 자들을 위한 책이 아닙니다. 살아 있는 우리들이 바른 믿음과 경건의 삶을 살도록 이끌기 위해 쓰여진 책이죠.

모든 성경은 하나님의 감동으로 된 것으로 교훈과 책망과 바르게 함과 의로 교육하기에 유익하니 이는 하나님의 사람으로 온전케 하며 모든 선한 일을 행하기에 온전케 하려 함이니라 (디모데후서 3장 16절 ~ 17절)

즉, 신약 성경의 서신서 저자들은 살아 있는 우리들에게 하나님의 감동으로 "교훈과 책망과 바르게 함과 의로 교육하기"를 목적으로 쓴 것입니다. 그러므로, 지옥에서의 예수님의 행적은 성경 저자의 글의 목적이 아닌 것이죠. 그리고, 초대 교회 당시 사람들이 예수님이 지옥에서 고통받으신 것을 알고 있다면 더욱더 그렇지 않을까요? 그래서, 자연스럽게 성경상의 글의 맥락 가운데 흔적으로서 표현된 것일 겁니다. 지성 씨!

지성 네!

성경 예를 들어, 두 자녀가 있는데, 어머니가 병원에 있다고 가정해 볼게요. 한 자녀가 다른 자녀에게 "네가 병원에서 어머니 모셔와!"라고 말했을 때, 이것은 통상적으로 어머니가 어떠한 상태라는 의미일까요?

지성 어머니께서 아프셔서 혼자 거동하시기 어렵다는 의미를 내포한 것 아닐까요?

성경 네! 이것은 어머니가 환자로 병원에 있다는 것이 상호 간에는 이미 알고 있는 사실이기 때문에 어머니가 아프다는 말을 굳이 할 필요가 없겠죠.

그렇다면, 초대 교회 신자들은 예수님께서 지옥에 내려가서서 고통받았다는 것을 정말 알고 있었을까요? 알고 있었습니다. 초대 교회 이후 4세기경 쓰여진 사도신경 자체가 강력한 증거입니다. 사도신경은 이미 그 자체로 예수님이 지옥에서 죽은 자들과 함께 3일간 갇혀 있었음을 말하고 있습니다.

다음은 16세기에 쓰여진 웨스트민스터 대요리문답 제50문답에 증거가 있어요.

성도 웨스트민스터 대요리문답은 기독교의 기본 교리 지침서 같은 것인데 여기에 있다고요?

성경 네 있습니다. 한번 볼까요?

문 50. 그리스도께서 죽으신 후 그의 낮아지심은 어떻게 이루어졌는가?

답. 그리스도께서 죽으신 후 그의 낮아지심은 장사됨과 죽은 자의 상태를 계속하시고 제삼일까지 사망의 권세 아래 계신 것이니 이를 다른 말로 "그가 지옥으로 내려가셨다"고 표현한다. (고린도전서 15장 3절 ~ 4절, 시편 16편 10절, 사도행전 2장 24절 ~ 27절, 31절, 로마서 6장 9절, 마태복음 12장 20절)

대요리문답 제50문답에서 **"지옥에 내려가심"**을 무엇이라고 표현하고 있나요?

성도 낮아짐으로 표현하고 있네요. 또 사망 권세 아래 계신 것이라고 표현하고 있고요.

성경 만일, 단순히 예수님이 지옥에 승리를 선포하러 가신 것이라면, 낮아졌다거나, 사망 권세 아래 계셨다고 표현했을까요? 지옥의 권세에 붙잡혀 있었다고 보는 것, 즉 지옥에서 고통을 당하셨다는 의미로 썼다는 것이 타당하지 않을까요? 이는 16세기에도 당대 크리스천들이 예수님이 지옥에서 고통을 당하셨다고 믿고 있다는 증거인 것입니다.

성도 저희는 그럼 왜 예수님께서 지옥에서 고통받으셨다는 설교를 들어본 적이 없는 거죠? 웨스트민스터의 요리문답은 기독교에서 기본 교리서인데 말이죠.

성경 잊혀진 것이죠. 현대의 개신교 교리로 받아들이기 어려우니까요. 우리는 이 모든 구속의 과정을 통해 하나님의 크신 사랑에 대해 엎드려 감사를 드리고 영광을 드릴 수밖에 없습니다. 하나님께서 인류를 구원하시기 위해 얼마나 큰 대가를 치르셨나요! 자기 자신을 피조물을 위한 구원의 제물로 드린 신이 도대체 어디에 있단 말입니까?

성도 선생님! 오늘 대화를 통해 하나님의 인류를 위한 사랑이 얼마나 큰지 많은 생각을 하는 것 같아요.

지성 저도 오늘 대화를 하다 보니 기독교에 대한 저희 생각을 좀 고쳐 봐야겠다는 생각도 듭니다. 그런데, 선생님! 하나님께서는 왜 이렇게 복잡하게 구원의 일을 하시는 거죠? 하나님께서는 전능하시니까 바로 모든 사람에게 복음을 알게 하실 수도 있을 텐데 말이죠.

성경 그 부분에 대해 다음에 또 만나서 나눠 볼까요?

지성, 성도 함께 네!

하나님의 성품과 자유의지

9.

완전히 거룩한 천국에서
죄성이 없는 인간이 범죄할 수 있는가?

지성과 성도는 성경 선생님과 나누었던 것들을 대화하며 왜 이렇게 하나님이 복잡한 구속의 과정을 거쳐 가셔야 했는지 궁금해하며 구체적으로 질문사항을 정리하여 물어보기로 했다. 그리고, 성경 선생님과 약속을 정한 후 방문한다.

성도 선생님! 그동안 잘 지내셨어요? 저희는 선생님과 나누었던 것 지성이와 복습하며 몇 가지 질문할 것들을 정리해 왔어요.
성경 네! 궁금하네요. 대답하기 어려운 질문일 거 같아서 긴장도 되고요.
지성 긴장하셔요. 그럼, 질문드리겠습니다.

왜 하나님께서는 에덴 동산에 선악과를 두어 아담과 이브가 범죄할 수 있는 환경을 허락하셨나요?
왜 하나님께서는 사탄이 아담과 이브를 속일 수 있도록 허락하시

고, 오늘날도 지속적으로 사탄이 인간을 죄로 유혹하는 것을 허락하시는 것일까요?

왜 하나님께서는 사탄이 지옥에서 인간에게 고통을 주는 것을 허락하시는 건가요?[12]

왜 하나님께서는 대환란의 기간과 천년왕국의 기간을 별도로 두신 건가요?

왜 하나님께서는 지옥과 불못의 이중심판과 첫째 부활과 둘째 부활의 이중부활의 구조로 구속사역을 행하시는 건가요?

왜 하나님께서는 인간이 죽은 후 천국에 간 것으로 끝나지 않고 새 하늘과 새 땅에 들어가도록 계획하신 건가요?

왜 하나님은 이토록 복잡하게 구속 사역을 계획하셨나요?

성경 이 모든 심오하고 복잡한 구속 사역을 하나님이 행하실 수밖에 없었던 이유는 하나님께서 인간에게 은혜의 선물로 부여한 **자유의지** 때문입니다. 하나님께서는 이 인간의 자유의지를 단련하셔야만 했어요. 그리하여, 많은 인간들이 완전한 자유의지 가운데 영생을 누릴 수 있기를 원하셨어요.

지성 씨! 자유의지란 무엇인가요?

지성 본능대로가 아닌 내가 원하는 대로 선택할 수 있는 의지 아닐까요?

예를 들어, 내 의지로 어제는 강의에 늦지 않게 갈 것을 선택하고 오늘은 강의를 빼 먹는 것을 선택할 수 있는 것, 강의에 늦으면 어제는

---

12) 심화토론의 2. 음부와 무저갱에는 누가 있는가? 참조

정직하게 늦게 일어나서 늦었다고 교수님께 말하고, 오늘은 차가 막혀서 늦었다고 거짓말을 할 수 있는 것! 뭐 이런 것 아닐까요?

성경 네! 잘 말씀해 주셨어요. 그런데, 성경적 관점에서 말하면 자유의지란 자신의 의지로 하나님의 계명을 순종할지 거역할지를 선택할 수 있는 의지입니다. 그리고, 이 자유의지가 인간을 인간답게 해 주고 그 결과로 인격이라는 산물을 소유하게 해 주죠. 자유의지로 말미암아 인간은 사고할 수 있고 고민할 수 있고 상상할 수 있고 선택할 수 있는 것이죠.

사실 성경에 자유의지라는 말은 전혀 나오지 않습니다. 그러나, 성경 전체를 통해 자유의지가 흘러 넘치죠.

선악과를 통해 아담과 이브가 하나님을 선택할지 거역할지를 결정해야 하는 상황과 결과가 자유의지의 결과이죠. 노아의 방주 전 인류에 전염병같이 퍼진 타락이 자유의지의 결과이죠. 아브라함이 하나님의 부르심을 받고 순종하고 반응한 결과가 자유의지의 결과이죠. 모세를 통해 율법을 주시고 이스라엘 백성이 순종과 반역을 반복한 결과가 자유의지의 결과이죠. 그리고, 오늘날 우리가 복음에 대해 받아들일지 거절할지를 선택하는 것 역시 자유의지의 결과입니다.

성도 네! 저도 인간이 죄를 짓는 것은 자유의지가 있기 때문이라고 들었어요.

성경 맞아요! 나는 앞에서 죽음은 궁극적 심판이 아니고 지옥에서도 회개의 기회가 있다고 성경에 근거하여 말하였습니다. 그 이유가 무엇인지 아세요? 왜냐하면, 인간에게는 자유의지가 있기 때문이에요. 그 자유의지가 인간이 지옥에서 회개를 선택하는 것을 가능하게 해 주는 것이죠. 따라서, 지옥에서도 자유의지에 따라 회개를 선택한 자와 회개를 선택하지 않은 자로 갈릴 것이며 회개를 선택한 자는 구원에 이르게 되는 것이죠. 부자와 나사로의 이야기에서 부자가 회개를 선택한 것처럼 지옥에서도 회개할 수 있는 것이죠. 믿음에 대해서 말하지 않는 것은 지옥에서는 이미 모든 인간들이 그리스도를 알 것이기 때문이에요.

백보좌 심판에서 보면 양과 염소를 가를 때, "사랑을 행하였느냐?"를 기준으로 가른다고 말하였죠? 천주교의 상선벌악의 교리에 따르면 부자와 나사로에서 부자는 구원의 기회가 없습니다. 왜냐하면, 그는 음부에 있기 때문에 누군가를 도와 사랑을 실천한 기회가 없기 때문이죠. 그러나, 개신교의 교리처럼 "사랑을 행할 수 있는 참된 회개의 믿음"을 구원의 기준으로 본다면 부자에게도 구원의 기회가 있습니다. 왜냐하면, 부자는 회개하지 않은 자신의 형제의 안위를 안타까워함으로써 내면의 변화됨을 증거하였기 때문이죠. 부자에게 다시 형제나 나사로를 섬길 수 있는 기회가 온다면 그는 분명히 사랑으로 섬겼을 거예요.

내 형제 다섯이 있으니 그들에게 증언하게 하여 그들로 이 고통 받는 곳에 오지 않게 하소서 (누가복음 16장 28절)

부자는 분명 그에게 다시 기회가 온다면 사랑을 행하는 삶을 살 것이라는 것을 그의 태도로 증명하고 있잖아요. 이러한 관점에서 백보좌 심판의 "사랑을 행하였느냐?"라는 내용의 성경말씀은 "**사랑을 할 수 있는 신자의 태도를 가지고 있느냐?**"라는 질문으로 해석할 수 있어요.

이와 같이, 자유의지로 인해 지옥에서 회개할 수 있는 것이라면 천국에서는 자유의지로 인해 범죄할 가능성은 없는 것일까요?

성도　천국은 죄가 없는 완전한 곳 아닌가요? 천국에 갈 때 인간의 죄성은 없어지지 않나요? 그런데, 죄를 짓는 것이 가능할까요? 더군다나, 죄를 지으면 천국에 있을 수도 없는 건데 어떻게 천국에서 죄를 짓는 것이 가능하겠어요? 분명히 예수님이 예수님을 믿고 구원을 받으면 천국에서 영생복락을 누린다고 말씀하셨잖아요.

성경　성경은 이미 천국과 에덴이라는 완전한 두 곳에서 자유의지로 인한 범죄가 일어났음을 증거하고 있어요. 먼저, 죄를 지을 수 없을 것 같은 완전한 장소인 지상 낙원 에덴 동산에서 일어난 범죄를 살펴볼까요?

하나님께서는 아담과 이브를 창조하시고 아담과 이브에게 땅을 다스리고 정복하는 권세를 주시고 땅에 충만하라는 축복도 주셨어요. 그리고, 선악과를 두사 그것을 먹지 말라고 엄히 경고하시며, 먹게 되면 반드시 죽을 것이라고 말씀하셨지요.

여호와 하나님이 그 사람에게 명하여 가라사대 동산 각종 나무의 실과는 네가 임의로 먹되 선악을 알게하는 나무의 실과는 먹지 말라 네가 **먹는 날**

에는 정녕 죽으리라 하시니라 (창세기 2장 16 ~ 17절)

그러나, 아담과 이브는 결국 뱀의 유혹을 받아 선악과를 따 먹게 됩니다.

여자가 그 나무를 본즉 먹음직도 하고 보암직도 하고 지혜롭게 할 만큼 탐스럽기도 한 나무인지라 여자가 그 실과를 따 먹고 자기와 함께한 남편에게도 주매 그도 먹은지라 (창세기 3장 6절)

아담과 이브는 결국 뱀의 유혹을 이기지 못하고 하나님의 최초의 계명이며, 유일한 계명이었던 "선악과를 따 먹지 말라."는 계명을 지키지 못하고 불순종하게 된 것이죠.

수많은 신자들과 목사님들이 이런 말씀하시는 것을 우리는 종종 듣게 됩니다.

만일 아담이 선악과를 따 먹지 않았다면 우리는 에덴 동산에서 죄를 짓는 일 없이 행복하게 살았을 텐데…….

아담이 자녀를 낳고 그 자녀가 자녀를 낳아도 선악과는 여전히 에덴 동산 중앙에 있습니다. 그리고, 아담이 아닌 그 후손들은 여전히 선악과를 따 먹지 말라는 계명 아래 있게 되겠죠. 그리고, 그 계명을 지키는 것은 여전히 아담의 후손인 모든 인류의 숙명인 것이죠.

지성 그러네요. 아담이 선악과를 따 먹지 않았다고 제가 따 먹지 않는다는 보장이 없네요. 성도 너도 마찬가지고!!!

성경 어쩌면, 오히려 아담이 뱀의 유혹을 받고 선악과를 따 먹는 것은 하나님의 은밀하신 구속 사역을 위한 하나님의 큰 그림 가운데 하나였을지도 모르죠.

하나님이 모든 사람을 순종하지 아니하는 가운데 가두어 두심은 모든 사람에게 긍휼을 베풀려 하심이로다 (로마서 11장 32절)

로마서에서 사도 바울은 분명하게 하나님께서 긍휼을 베풀기 위해 모든 사람을 불순종 가운데 가두셨다고 말하고 있어요. 여기서 긍휼을 베풀기 위해서라는 의미는 예수님의 십자가 대속을 통한 구속 사역을 말씀하시는 것이 분명합니다. 그런데, 성경은 모든 사람을 불순종 가운데 가둔 주체가 누구라고 하고 있나요? 하나님이시라고 분명하게 말씀하고 있습니다. 물론 하나님이 아담이 범죄하도록 유혹한 분은 아닙니다. 그러나, 아담에게 뱀의 유혹을 허락하면 범죄하게 될 것을 아신 것은 분명하다고 볼 수 있죠.

성도 이런 말씀이 있었네요. 선생님 말씀은 전혀 새로운 관점이네요. 아담과 이브가 선악과를 따 먹는 것은 하나님의 큰 그림 가운데 있었던 사건이다, 이런 말씀이잖아요.

성경 네! 맞습니다. 수많은 불신자들이 이런 말들을 하는 것들을 수시로 듣게 됩니다.

하나님은 하필 왜 선악과를 동산에 두시어서 인간으로 사탄에게 유혹을 받게 하고 범죄하게 하였는가?
선악과를 두지 않으셨다면 인간이 범죄할 일도 없을 것 아닌가?

그러나, 이것을 알고 있습니까?

선악과도 없고, 유혹하는 자도 없는 완전한 곳에서 이미 하나님께 대적하는 반역의 사건이 있었다는 것을요.

그러한 일이 이미 에덴 동산 이전에 천국에서 있었어요. 천국에서의 이 반역의 사건을 보면 죄의 유혹이 없어도, "선악과를 먹지 말라." 계명이 없어도 얼마든지 범죄할 수 있음을 알 수 있죠. 어떻게 천국에서 범죄가 가능할까요? 자유의지가 있기 때문이에요. 자유의지란 언어적 의미대로 의지대로 선택할 수 있는 것입니다.

지성 천국에서 선악과도 죄의 유혹도 없었는데 반역이 일어났다? 무슨 사건인데요? 궁금하네요.

성경 사탄의 다른 이름인 루시퍼는 천국에서 음악을 관장하는 하나님이 가장 존귀하게 창조한 천사장이었다고 합니다. 그런데, 루시퍼에게 죄악이 드러나고 천국에서 쫓겨나게 되었지요.

인자야 두로 왕을 위하여 슬픈 노래를 지어 그에게 이르기를 주 여호와의 말씀에 너는 완전한 도장이었고 지혜가 충족하며 온전히 아름다웠도다 네가 옛적에 하나님의 동산 에덴에 있어서 각종 보석 곧 홍보석과 황보석과 금강석과 황옥과 홍마노와 창옥과 청보석과 남보석과 홍옥과 황금으로 단장하였음이여 네가 지음을 받던 날에 너를 위하여 소고와 비파가 준비되었도다 너는 기름 부음을 받고 지키는 그룹임이여 내가 너를 세우매 네가 하나님의 성산에 있어서 불타는 돌들 사이에 왕래하였도다 네가 지음을 받던 날로부터 **네 모든 길에 완전하더니 마침내 네게서 불의가 드러났도 다** 네 무역이 많으므로 네 가운데에 강포가 가득하여 네가 범죄하였도다 너 지키는 그룹아 그러므로 내가 너를 더럽게 여겨 **하나님의 산에서 쫓아 냈고** 불타는 돌들 사이에서 멸하였도다 (에스겔 28장 12절 ~ 16절)

성경학자들은 에스겔서의 이 말씀에서 "하나님의 동산 에덴"의 말씀은 천국으로 보고 "소고와 비파가 준비"되었다는 말씀은 음악을 관장하는 천사장으로 보고 있죠. 그리고, "네 무역이 많으므로 네 가운데에 강포가 가득하여 네가 범죄하였도다"는 타락을 비유한 말씀으로 보고 있어요. "너를 불타는 돌들 사이에서 추방시켰다"는 말씀은 그 천사장이 천국에서 쫓겨난 것으로 보고요. 그럼, 이 천사장은 누구이며 그 범죄의 원인은 무엇일까요?

너 아침의 아들 계명성(루시퍼)이여 어찌 그리 하늘에서 떨어졌으며 너 열국을 엎은 자여 어찌 그리 땅에 찍혔는고 네가 네 마음에 이르기를 **내가 하늘에 올라 하나님의 뭇 별 위에 내 자리를 높이리라** 내가 북극 집회의 산 위에 앉으리라 가장 높은 구름에 올라가 **지극히 높은 이와 같아지리라** 하는도다 그러나 이제 네가 스올 곧 구덩이 맨 밑에 떨어짐을 당하리로다 (이사야 14장 12절 ~ 15절)

이사야서 말씀을 보면 타락한 천사장의 구절이 나오는데 이 말씀을 에스겔서와 병행 구절로 보고 있어요. 그리고, 그 천사장의 이름은 한글로 계명성인 "루시퍼"이고요. 그리고, 그 범죄는 하나님처럼 높아지려는 것이었죠.

이로 인해, 루시퍼는 스올 구덩이 맨 밑에 떨어졌어요. 그러나, 루시퍼는 그때는 그곳에 갇혀 있는 상태는 아니었어요. 그는 타락한 천사인 붉은 용으로서 하늘로 올라가 천사들을 유혹하여 삼분의 일을 꾀어 타락하게 했어요.

하늘에 또 다른 이적이 보이니 보라 한 큰 붉은 용이 있어 머리가 일곱이요 뿔이 열이라 그 여러 머리에 일곱 왕관이 있는데 **그 꼬리가 하늘의 별 삼분의 일을 끌어다가 땅에 던지더라** (요한계시록 12장 4절)

천국에서 반역이 있었죠. 그리고, 반역에는 천사의 삼분의 일이 참여했어요. 이 상황을 어떻게 이해해야 할까요? 이로 보건대 천사도 인간들처럼 자유의지를 가진 것이 명백합니다. 그리고, 그 자유의지로 삼분의 이의 천사들은 반역의 유혹에 가담하지 않고 오직 하나님만을 섬길 것에 대한 시험을 당하여 승리한 것이죠. 그리고, 하나님께서는 어찌 보면 수많은 천사가 유혹을 받아 자유의지를 통해 하나님을 선택할지 반역을 선택할지에 대한 시험대에 서도록 하셨다고 볼 수 있을 것 같아요. 그리하여, 유혹에 넘어간 천사들은 지금 이 땅에 떨어지게 되어 온 인류를 범죄로 유혹하고 있는 것이죠.

성도 루시퍼가 타락한 천사라는 것은 알고 있었지만 선생님의 관점으로 생각해 본 적이 없는데, 선생님 말씀을 들으니 천국에서도 죄를 지을 수 있다는 말의 의미를 알 것 같네요.

성경 그런데, 안타깝게도 천국에서의 천사의 범죄는 이 사건이 끝이 아닙니다. 천국에서의 반역 사건에 참여하지 않았던 천사들 즉, 자유의지의 단련의 과정을 가졌던 천사들이 다른 자유의지의 시험에 넘어지는 사건이 발생하고 말았어요.

또 자기 지위를 지키지 아니하고 자기 처소를 떠난 천사들을 큰 날의 심판까지 영원한 결박으로 흑암에 가두셨으며 소돔과 고모라와 그 이웃 도시들도 **그들과 같은 행동으로 음란하며 다른 육체를 따라 가다가** 영원한 불의 형벌을 받음으로 거울이 되었느니라 (유다서 1장 6절 ~ 7절)

성경은 자신의 자리를 지키지 않은 천사들이 있다고 하고 있어요. 그들을 영원한 사슬로 묶어서 암흑 속에 가두어 두셨다고 하고 있죠. 자리를 지키지 않은 범죄는 무엇일까요? 천사들의 범죄를 소돔과 고모라의 범죄에 비교했는데, 그 범죄는 "음란하며 다른 육체를 따라 가다가"라고 하고 있어요. 다른 육체를 따라 갔다는 말은 무슨 의미일까요? 정상적인 성관계는 남녀간에 이루어지는 것이죠. 그러나, 남자와 남자 간의 성관계는 하나님께서 허락하신 관계가 아닙니다. 또한, 본성으로도 동성 간에 이끌림은 비정상적인 관계임을 알죠. 이 본성은 하나님께서 인간에게 부여하신 것입니다. 아래 구절을 보아도 소돔이 얼마나 동성애가 심각한 곳이었는지 알 수 있어요.

그들이 잠자리에 들기 전에 소돔 사람들이 어른 아이 할 것 없이 사방에서 마구 몰려와 그 집을 둘러싸고 롯을 부르며 "오늘 저녁 네 집에 온 사람들이 어디 있느냐? 그들을 끌어내라 **우리가 강간하겠다**" 하고 외쳤다 (현대인의 성경 창세기 19장 4절 ~ 5절)

하나님의 사자인 천사들이 소돔을 방문하였는데 롯이 이들을 자신의 집으로 영접합니다. 이 말씀은 이 천사들을 본 소돔 사람들이 이들이 잘생긴 남자인 줄 알고 롯에게 자신들이 강간할 테니 끌어내라고 하는 말씀입니다. "우리가 강간하겠다"를 개역개정에서는 "우리가 그들을 상관하리라"로 표현되어 있어 그 의미가 명확히 전달되지 않는 측면이 있습니다. 그래서, 명확한 의미전달을 위해 현대인의 성경을 인용했습니다. 그런데, 영적 존재인 천사들이 성관계를 가질 수 있을까요? 창세기의 노아 홍수 전에 천사들이 사람의 여인을 취하였음을 보여 주는 구절이 있어요.

하나님의 아들들이 사람의 딸들의 아름다움을 보고 자기들이 좋아하는 모든 여자를 아내로 삼는지라 여호와께서 이르시되 나의 영이 영원히 사람과 함께 하지 아니하리니 이는 그들이 육신이 됨이라 그러나 그들의 날은 백이십 년이 되리라 하시니라 당시에 땅에는 **네피림**이 있었고 그 후에도 하나님의 아들들이 사람의 딸들에게로 들어와 자식을 낳았으니 그들은 용사라 고대에 명성이 있는 사람들이었더라 (창세기 6장 2절 ~ 4절)

성도 이 말씀에서 "하나님의 아들들"은 셋의 후손을 말하는 것 아닌가요?

저는 전에 목사님으로부터 그렇게 들은 것 같은데요. 목사님께서 노아는 아담의 자녀들 중 셋이라는 아들의 후손이라고 하시더라고요. 그래서, 셋의 후손은 경건한 후손으로 "하나님의 아들들"로 표현된 것이라고 하시던데요?

성경 그럼, 여기서 "네피림" 족속이 누구를 말하는지 한번 볼까요? 용사라고도 하지만 신체적으로 거인들을 말하죠.

거기서 네피림 후손인 아낙 자손의 거인들을 보았나니 우리는 스스로 보기에도 메뚜기 같으니 그들이 보기에도 그와 같았을 것이니라 (민수기 13장 33절)

민수기 말씀에 "네피림"은 이스라엘 백성은 메뚜기로 보일 만큼 엄청난 거인들을 말하죠.

성도 선생님! 그런데, 민수기이면 모세 때인데 어떻게 네피림이 있죠?

성경 이건 과학이야기인데, 맨델의 유전 법칙 기억하나요? 노아의 가족 중에서도 작게 나마 네피림의 유전자도 섞여 있었다고 봐야죠. 혹시, 외신에서 백인 부부 사이에서 흑인 아기가 태어났다는 뉴스 본 적 있나요? 그게 가능했던 이유는 백인 부부에게 흑인 유전자가 조금씩 있었기 때문이라고 하지요. 유전자가 대를 이어 내려오면서 네피림의 유전자가 강한 자녀들이 태어났을 것이고 이들을 네피림의 후손인 아낙 자손이라 부를 수 있는 것이죠. 아낙 자손이 거인이면 "네피림"은 더 거인 아닐까요? 셋의 후손이 거인족인가요? 아니죠. 아담의 자녀이니 신체적으로 보통 인간과 다를 것이 없겠죠. 그런데, 셋의 후손 중에서 거인족이 태어났다고 보는 건 이상하지 않나요?

지성 셋의 후손은 보통 인간의 유전자를 가진 사람들인데 셋의 후손이 다른 종족과 결혼해 아이들을 낳았다고 해서 거인족이 나온다는 것은 과학적으로 이상하긴 합니다. 성도야! 네가 봐도 이상하지 않니?

성경 욥기에서 보면, 천사들을 하나님의 아들들이라고 부르고 있어요. 또한, 유다서에서 이미 천사들이 딴 육체를 탐하는 범죄를 지었다고 하였으니, 창세기의 하나님의 아들들을 천사들로 보는 것에 무리가 없어 보이지 않나요?

또 하루는 **하나님의 아들들**이 와서 여호와 앞에 서고 사단도 그들 가운데 와서 여호와 앞에 서니 (욥기 2장 1절)

성도 그런데, 어떻게 육체가 없는 천사들이 성관계를 가질 수 있었을까요?

성경 이는 신약에서 여러 귀신들린 사람들이 있는 것처럼 남자의 육체에 천사가 들어가 성관계를 가진 것이 아닌가 추측해 봅니다. 마가복음에 귀신들린 자가 있는데 이 사람은 자신의 의지를 상실하고 귀신이 완전히 이 사람을 사로잡아서 주도하고 있거든요.

그가 멀리서 예수를 보고 달려와 절하며 큰 소리로 부르짖어 이르되 지극히 높으신 하나님의 아들 예수여 나와 당신이 무슨 상관이 있나이까 원하건대 하나님 앞에 맹세하고 나를 괴롭히지 마옵소서 하니 이는 예수께서 이미 그에게 이르시기를 더러운 귀신아 그 사람에게서 나오라 하셨음이라

(마가복음 5장 6절 ~ 8절)

지성 무당이 흔히 접신했다고 말하잖아요? 무당이 푸닥거리 할 때 다른
사람처럼 행동도 하고요? 예를 들어, 그 집의 죽은 할아버지, 아버
지처럼 행동하는 거요. 비슷한 것 같은데 맞나요?

성경 네! 맞습니다.

성도 셋의 후손이 보통 인간의 유전자를 가졌기 때문에 네피림이 나올
수 없다면, 접신한 남자들도 보통 인간일 텐데 어떻게 네피림이 태
어나죠?

성경 천사는 병을 고치고, 역병과 같은 질병을 일으키고, 여러 이적을 행
할 수 있는 능력이 있는 존재로 성경은 묘사하고 있어요. 그렇다면,
자신의 능력이 접신한 자를 통해 임신한 여자의 태아에 흘러 들어
가게 할 수 있다고 볼 수 있죠.

이는 천사가 가끔 못에 내려와 물을 움직이게 하는데 움직인 후에 먼저 들
어가는 자는 어떤 병에 걸렸든지 낫게 됨이러라 (요한복음 5장 4절)

이에 여호와께서 그 아침부터 정하신 때까지 전염병을 이스라엘에게 내리
시니 단에서부터 브엘세바까지 백성의 죽은 자가 칠만 명이라 천사가 예
루살렘을 향하여 그의 손을 들어 멸하려 하더니 여호와께서 이 재앙 내리
심을 뉘우치사 백성을 멸하는 천사에게 이르시되 족하다 이제는 네 손을
거두라 하시니 여호와의 사자가 여부스 사람 아라우나의 타작 마당 곁에
있는지라 (사무엘하 24장 15절 ~ 16절)

자유의지로 하나님을 선택해야 하는 시험의 대가는 어떠한가요? 너무나 많은 천사들이 시험에서 무너졌고 하나님과 분리되었어요. 너무나 큰 대가를 치른 것이죠. 이 사건은 하나님께는 큰 아픔이고 슬픔이셨을 겁니다.

하나님은 인간을 창조하실 때는 명백하게 더 많은 자들이 단련된 자유의지를 통해 하나님과의 연합을 선택하기를 원하셨을 것이며, 이에 대한 크고 심오한 계획을 세우셨을 것입니다.

완전하게 지어진 하나님의 피조물도 자유의지로 인해 범죄할 수 있음을 알았습니다. 그럼, 죄성이 없는 피조물이 자유의지를 통해 지을 수 있는 범죄는 무엇일까요?

먼저, 천국에서 천사장이었던 루시퍼의 범죄에 대해 살펴보도록 해요. 루시퍼는 천국의 다른 어떤 피조물보다도 특별한 피조물이었어요.

인자야 두로 왕을 위하여 슬픈 노래를 지어 그에게 이르기를 주 여호와의 말씀에 너는 완전한 도장이었고 지혜가 충족하며 온전히 아름다웠도다 네가 옛적에 하나님의 동산 에덴에 있어서 각종 보석 곧 홍보석과 황보석과 금강석과 황옥과 홍마노와 창옥과 청보석과 남보석과 홍옥과 황금으로 단장하였음이여 네가 지음을 받던 날에 너를 위하여 소고와 비파가 준비되었도다 너는 기름 부음을 받고 지키는 그룹임이여 내가 너를 세우매 네가 하나님의 성산에 있어서 불타는 돌들 사이에 왕래하였도다 (에스겔 28장 12절 ~ 14절)

아름다움과 지혜와 소유와 권세에 있어 어떤 피조물보다 뛰어났습니다. 그런데, 그 뛰어남으로 인해 그에게 교만이 들어왔어요.

내가 하늘에 올라 하나님의 뭇 별 위에 내 자리를 높이리라 내가 북극 집회의 산 위에 앉으리라 가장 높은 구름에 올라가 **지극히 높은 이와 같아지리라** (이사야 14장 13절 ~ 14절)

그리고, 그 결과는 반역이었습니다. 반역도 혼자 일으킨 것이 아니라 천사의 삼분의 일을 유혹하여 함께 반역을 일으켰어요. 하나님과 같아지려는 이 교만은 반역이 되고, 영원한 형벌로 이어진 것이죠. 결국, 죄를 지을 수 없는 완전한 피조물도 자유의지로 인해 **교만의 범죄**에서는 자유로울 수 없는 것임을 알 수 있습니다.

그럼, 완전한 피조물인 아담과 이브는 어떻게 자유의지로 인한 범죄를 할 수 있었을까요? 아담과 이브는 죄성을 가지지 않은 완전한 피조물이었으나, 창조된 지 얼마 되지 않은 피조물이었어요. 지적 배움에 있어 탁월성을 가지고 있었을지 몰라도 하나님과의 교제는 이제 막 시작한 어린아이와 같다고 볼 수 있죠. 이로 인해, 하나님의 능력과 공의와 사랑에 대해 지식으로는 알아도 마음으로 깊이 새겨질 만큼 알고 있지는 않았을 것입니다. 그리고, 죄의 결과인 죽음에 대해서도 지식으로는 알아도 심령으로 깊이 알지는 못했을 것입니다.

하나님은 아담에게 모든 것을 허락하시지만 동산 중앙에 있는 선악과는 먹으면 반드시 죽을 것이니 먹지 말라고 경고하십니다.

여호와 하나님이 그 사람에게 명하여 이르시되 동산 각종 나무의 열매는 네가 임의로 먹되 선악을 알게 하는 나무의 열매는 먹지 말라 네가 먹는 날에는 **반드시 죽으리라** 하시니라 (창세기 2장 16절 ~ 17절)

그러나, 하와는 뱀의 유혹에 대한 답변에서 "반드시 죽으리라" 그 경고가 희석되어 받아들여진 것을 알 수 있어요. "반드시 죽으리라"에서 "죽을까 하노라"로 바뀌었기 때문이에요.

여자가 뱀에게 말하되 동산 나무의 열매를 우리가 먹을 수 있으나 동산 중앙에 있는 나무의 열매는 하나님의 말씀에 너희는 먹지도 말고 만지지도 말라 **너희가 죽을까 하노라** 하셨느니라 (창세기 3장 2절 ~ 3절)

부모는 자녀에게 "네가 이런 잘못을 하면 반드시 이런 벌을 받을 것이다."라고 말했는데, 자녀는 "벌을 받을 수도 있어."로 마음에 받아들여진 것입니다.

이에 뱀은 거짓말과 불신의 언어로 하와를 유혹합니다.

뱀이 여자에게 이르되 너희가 결코 죽지 아니하리라 너희가 그것을 먹는 날에는 너희 눈이 밝아져 하나님과 같이 되어 선악을 알 줄 하나님이 아심이니라 (창세기 3장 4절 ~ 5절)

뱀은 "결코 죽지 아니하리라"로 **거짓말**을 합니다.

뱀은 "너희 눈이 밝아져"로 완전한 피조물인 하와를 완전하게 느껴지지 않게 하여 자신을 **불신**하게 합니다.

뱀은 "하나님과 같이 되어 선악을 알 줄 하나님이 아심이니라"로 하나님의 완전하신 사랑을 **불신**하게 만듭니다.

여자가 그 나무를 본즉 먹음직도 하고 **보암직도** 하고 **지혜롭게** 할 만큼 탐스럽기도 한 나무인지라 여자가 그 열매를 따 먹고 자기와 함께 있는 남편에게도 주매 그도 먹은지라 (창세기 3장 5절)

하와는 자신이 완전하지 않고 부족하다고 느꼈고, 이에 선악과를 먹으면 자신의 부족함이 채워질 것같이 느껴지면서 하나님의 경고는 잊어버리게 되었죠. 결국, 선악과를 따 먹어 죄가 들어오고 에덴동산에서 추방되고 죽음이 그들의 친구가 된 것이죠.

창세기에서 타락한 천사들은 어떻게 범죄하게 되었을까요? 천사들이 여자들을 보고 성욕을 느끼지는 않았을 것입니다. 이는 본성적으로 사람이 동성에게 성적으로 이끌림을 받지 않는 것과 마찬가지인 것이죠. 그들은 사람인 남녀가 성관계를 가지면서 기뻐하고 즐거워하는 것을 지켜보았을 거예요. 이들의 본성은 여성에게 성욕을 느끼지 않지만 인간이 가지는 성적 경험을 해 보고 싶었을지도 모릅니다. 천사의 본성을 거스르는 호기심이 생기고 이것은 욕심이 되었던 것이죠. 그래서, 남자의 육체를 빌려 성적 호기심을 충족하고자 했을 것입니다. 이것은 하나님께서 천사를 지으신 질서를 벗어나는 행위인 것이죠. 사람은 섬기고 보호해 주어야 하는 자들이지 자신들의 욕심을 채우는 대상이 아니기 때문입니다. 범죄한 천사는 천국으로부터 쫓겨나 지옥의 어느 곳에서 심판 날까지 결박을 당하게 되었어요.

또 자기 지위를 지키지 아니하고 자기 처소를 떠난 천사들을 큰 날의 심판까지 영원한 결박으로 흑암에 가두셨으며 (유다서 1장 6절)

성도 그런데, 불경건한 호기심으로 범죄한 천사들은 왜 이렇게 자신의 자리를 지키지 않는데 두려움이 없었을까요? 그들은 천사의 삼분의 일의 반역에 참여하지 않았던 자들이고, 그들이 천국에서 쫓겨나는 것을 본 자들이잖아요.

성경 그것은 먼저 타락한 삼분의 일의 천사들이 천국에서 쫓겨나 하나님과 분리되기는 했지만 지옥에서 고통받는 형벌 속에 있지는 않았기 때문이 아닐까 판단합니다. 형벌에 대한 두려움이 없으므로 하나님과 분리되는 것에 대한 두려움도 없었던 것이 아닐까 판단해요. 사실상, 사탄을 포함하여 이전에 타락한 천사들은 하나님과 분리는 되었어도 형벌을 받지는 않고 있었기 때문이에요.[13]

성도 범죄한 천사 이야기를 들으니 이 세상에서 성도가 받는 연단이 얼마나 소중한 것인지 새삼 느끼네요. 연단받을 때는 힘들지만 이로 인해 더욱 거룩해지려고 노력하니까요.

성경 네! 그러게요. 우리는 예수님의 대속을 받아들임으로써 구원에 이

---

13) 심화토론의 2. 음부와 무저갱에는 누가 있는가? 참조

릅니다. 언젠가 구원받은 우리는 죄의 소욕 가득한 육체를 벗어 버리고 하나님과 동행하게 될 것입니다. 그러나, 그때도 우리는 여전히 자유의지를 가지고 있습니다. 그래서, 하나님께서는 자유의지로 인해 지을 수 있는 이 죄의 문제를 다루셔야만 했던 거죠.

죄의 소욕이 없이 자유의지로 인해 지을 수 있는 죄에는 무엇이 있었나요? **불신, 교만, 불경건한 호기심**이 있었어요. 그리고, 불신과 교만, 불경건한 호기심이 침투할 수 있었던 또 하나의 요소는 거짓말에 속을 수 있는 **무지**였음을 살펴보았어요. 그리고, 여기서 무지는 지적인 무지가 아닙니다. 왜냐하면, 아담과 하와 모두 "정녕 죽으리라."는 말씀을 받았기 때문이에요. 심령에 말씀이 깊이 새겨지지 않은 **내적 무지**로 봐야 하죠.

내 백성이 지식이 없으므로 망하는도다 (호세아 4장 6절)

이 말씀은 율법을 받은 이스라엘 백성에게 한 말인데, 정말 이들에게 지식이 없었을까요? 그 지식이 심령에 없었던 것 다른 말로 하면 하나님의 말씀에 진지하지 않고 마음 깊이 새기지 않은 것을 지식이 없다고 한 것이 아닐까요?

10.

자유의지로 죄를 짓지 않게 하기 위한 하나님의 계획은 무엇인가?

성도 머리로 아는 것은 안다고 할 수 없을 것 같아요, 우리가 마음으로 알아야 그것이 우리의 삶에 영향을 미칠 것이니까요.

성경 네 맞아요. 하나님은 내적 지식이 깊이 각인된 무엇인가를 사람의 심령에 심기를 원하셨을 겁니다.

> 육체의 연단은 약간의 유익이 있으나 경건은 범사에 유익하니 금생과 내생에 약속이 있느니라 (디모데전서 4장 8절)

사도 바울은 디모데에게 경건의 연습이 금생에만 유익하다고 하였나요? 아닙니다. 내생 즉 천국에서 약속이 있다고 하였죠. 그럼, 그 약속은 무엇인가요? 다른 번역본을 볼까요?

> 몸의 훈련은 약간의 유익이 있으나, 경건 훈련은 모든 면에 유익하니, 이 세

상과 장차 올 세상의 생명을 약속해 줍니다 (새번역 디모데전서 4장 8절)

무엇을 약속한다고 하였나요? 생명을 약속한다고 했어요. 어디서 생명을 약속한다고 하였나요? 장차 올 세상 즉, 새 하늘과 새 땅에서 생명을 약속한다고 하고 있어요. 이것은 구원받은 것을 생명을 약속한다고 해석할 수도 있겠죠. 그러나, 나는 이미 천국과 에덴동산에서 죄가 있었고 하나님과 분리되어 사망이 찾아왔음을 성경을 통해 증명하였어요. 그러므로, 천국에 있는 것만으로는 생명을 약속받을 수 없다는 것을 알 수 있죠. 생명을 약속받으려면 그 이상의 뭔가 더 필요합니다. 먼저, 천사들을 볼까요? 반역한 삼분의 일의 천사를 제외한 삼분의 이의 남은 천사의 대부분은 그 이후로도 계속 천국에서 자신들의 지위인 생명을 보전하고 있어요. 이것을 보면, 단한 번의 자유의지의 선택과 그 결과에 대한 극적인 체험은 그들에게 강력하게 각인되었음을 알 수 있어요. 천국에서의 완전히 거룩한 존재는 그 기억에 있어서 나이를 먹어 희미해지는 일은 없을 것입니다. 한번 심령에 박히면 언제까지나 남을 것이기 때문입니다. 그리고, 또한 육신의 연약함으로 인한 죄의 유혹도 없을 겁니다.

지성 선생님! 그런데, 반역을 하지 않았지만 그 후에 네피림을 낳은 천사들이 있잖아요!

성경 네, 맞아요. 범죄한 천사들처럼 그리고, 아담과 하와처럼 그들의 기억은 완전하여도 그들의 각성된 의지는 약해질 수 있기 때문이에요. 하와가 "정녕 죽으리라."를 "죽을 수도 있어."로 바꿔 받아들인 것처럼 말이에요. 지식은 남아 있으나 내적 지식은 약해질 수 있어요. 그래서, 하나님께서는 성도들을 위한 안전장치가 더 필요하셨던 거죠.

> 나 여호와가 말하노라 나의 지을 새 하늘과 새 땅이 내 앞에 항상 있을 것 같이 너희 자손과 너희 이름이 항상 있으리라 여호와가 말하노라 매 월삭과 매 안식일에 모든 혈육이 이르러 내 앞에 경배하리라 **그들이 나가서 내게 패역한 자들의 시체들을 볼 것이라** 그 벌레가 죽지 아니하며 그 불이 꺼지지 아니하여 모든 혈육에게 가증함이 되리라 (이사야 66장 22절 ~ 24절)

지성 어! 새 하늘과 새 땅에 있는 성도들이 유황불못에서 타고 있는 시체들을 보고 있네요?[14]

성경 성도들의 내적 지식을 지속적으로 각성시켜 주시기 위해 새 하늘과 새 땅에서 영원히 불못의 시체들을 주기적으로 보게 하시는 겁니다. "결코 실패하여 범죄하면 안 된다. 이것이 너희를 향한 나의 마음이다." 이렇게 하나님이 말씀하고 있는 겁니다. 따라서, 성도들에 대한 자유의지의 단련도 더욱더 혹독히 하실 수밖에 없었고 치열한 전쟁터를 예비하셔야 했던 거죠. 따라서, 죄와의 치열한 전쟁터인 이 세상에서 경건의 훈련을 통해 단련된 성도의 영혼은 더욱 온전함으로 생명의 약속을 보전할 수 있지 않겠어요?

성도 천국에서 우리의 영혼을 온전히 보전할 수 있도록 자유의지를 단련하기 위해서 이 세상에서의 영적 전쟁터를 예비하신 거였군요. 너무 힘든 여정이지만 한편 너무나 하나님에게 감사한 것 같아요.

---

14) 영생은 영원한 생명을 영벌은 영원한 형벌을 의미하는가? 참조

성경 그럼, 하나님께서 사람에게 행하고자 하셨던 경건의 훈련의 목적은 무엇일까요? 베드로후서를 볼까요?

이로써 그 보배롭고 지극히 큰 약속을 우리에게 주사 이 약속으로 말미암아 너희가 정욕 때문에 세상에서 썩어질 것을 피하여 **신성한 성품**에 참여하는 자가 되게 하려 하셨느니라 (베드로후서1장 4절)

"신성한 성품" 다른 말로 하면 하나님의 성품 바로 이것입니다. 개역개정은 표현이 애매한데, 새번역, 킹제임스성경, 공동번역은 "하나님의 성품" 또는 "하나님의 본성"으로 번역하였죠. 하나님께서는 당신의 자녀들이 하나님의 성품을 닮기를 원하셨고 이 땅에서 바로 이것이 훈련되기를 원하셨습니다.

하나님이 하신 그 크고 은밀한 일은 결코 에덴의 회복이 아니셨어요. 첫 사람이었던 아담의 상태로 돌아가기를 결코 원한 것이 아닌 것입니다. 바로, "하나님의 성품에 이르는 것" 바로 이것이 하나님의 크고 은밀한 구속사역인 것입니다.

성도 저는 천국에 가면 아담처럼 완전해지는 줄 알았는데 그 이상이었네요. 하나님을 닮는 거였네요.

성경 우리가 에덴동산에 있었다면 죄와 싸우면서 하나님을 알아가는 이 치열한 전쟁은 없었을 것입니다. 그러나, 우리가 에덴동산에만 머물러 있었다면 하나님의 성품을 배울 수 있는 기회는 더욱 가지기 어려웠을 것이고요.

지성 선생님! 하나님의 성품은 구체적으로 무엇을 말하는 건가요? 사랑,

이거 맞나요?

성경 네! 맞아요. 어떤 분이 구약성경을 읽다가 하나님이 무도하고 잔인
하신 분이라고 느껴지는 수많은 성경에서의 사건들로 인해 성경 읽
는 것을 덮었다는 얘기를 들은 적이 있어요. 구약성경에 나오는 하
나님을 오해할 만한 수많은 사건들을 한번 볼까요?

**이 땅에 죄가 가득 차자 하나님께서는 물로 노아의 가족을 제외한
전 인류를 몰살하셨어요.**

지금부터 칠 일이면 내가 사십 주야를 땅에 비를 내려 내가 지은 모든 생
물을 지면에서 쓸어버리리라 (창세기 7장 4절)

하나님께서는 소돔과 고모라를 불과 유황으로 진멸하셨어요.

여호와께서 하늘 곧 여호와께로부터 유황과 불을 소돔과 고모라에 비같이
내리사그 성들과 온 들과 성에 거주하는 모든 백성과 땅에 난 것을 다 엎
어 멸하셨더라 (창세기 19장 24절 ~ 25절)

하나님께서는 10가지 재앙으로 애굽을 치셨어요.

애굽 땅에 있는 모든 처음 난 것은 왕위에 앉아 있는 바로의 장자로부터
맷돌 뒤에 있는 몸종의 장자와 모든 가축의 처음 난 것까지 죽으리니 (출
애굽기 11장 5절)

하나님께서는 아말렉족속을 어린아이까지 진멸하라고 하셨어요.

만군의 여호와께서 이같이 말씀하시기를 아말렉이 이스라엘에게 행한 일 곧 애굽에서 나올 때에 길에서 대적한 일을 내가 추억하노니 지금 가서 아말렉을 쳐서 그들의 모든 소유를 남기지 말고 진멸하되 남녀와 소아와 젖먹는 아이와 우양과 약대와 나귀를 죽이라 하셨나이다 (사무엘상 15장 2절 ~ 3절)

하나님께서는 자기 백성의 죄가 관영할 때 마다 자연재해와 외세의 침략으로 심판하셨어요.

길르앗에 우거하는 자 중에 디셉 사람 엘리야가 아합에게 고하되 나의 섬기는 이스라엘 하나님 여호와의 사심을 가리켜 맹세하노니 내 말이 없으면 수년 동안 우로가 있지 아니하리라 하니라 (열왕기상 17장 1절)
보라 내가 사납고 성급한 백성 곧 땅의 넓은 곳으로 다니며 자기의 소유 아닌 거할 곳들을 점령하는 갈대아 사람을 일으켰나니 그들은 두렵고 무서우며 심판과 위령이 자기로 말미암으며 그 말은 표범보다 빠르고 저녁 이리보다 사나우며 그 기병은 원방에서부터 빨리 달려오는 기병이라 마치 식물을 움키려하는 독수리의 날음과 같으니라 그들은 다 강포를 행하러 오는데 앞을 향하여 나아가며 사람을 사로잡아 모으기를 모래 같이 많이 할 것이요 (하박국 1장 6절 ~ 9절)

지성 맞아요! 저도 예전에 성경 읽을 때 창세기부터 읽잖아요. 그런데,

읽을 수록 사랑의 하나님이라는 것이 잘 인정되지 않더라고요.

성경 사실 저도 구약성경을 읽으면서 하나님이 사랑의 하나님이라는 것을 인정하는 것은 쉬운 일이 아니었어요. 이것은 비단 나만 경험하는 문제는 아니었을 것입니다. 이스라엘 백성이건 이방인이건 하나님의 심판의 근거는 죄였으며 죄로 인해 심판하시는 것에는 예외가 없었죠.

구약에서 하나님의 사랑을 느끼기는 어렵지만 분명하게 말해 주는 것은 있죠. 하나님이 얼마나 죄를 싫어하시는지 말이죠. 실상은 하나님이 죄를 싫어하신다는 것 보다는 죄는 하나님과 인간을 분리하는 원인이 된다는 것이 더 맞는 말일 것이지만요. 그래도, 인간은 죄의 결과가 얼마나 끔찍한지도 배울 것입니다. 그리고, 그럼에도 불구하고 잠시 교훈을 얻은 듯하나 다시 죄로 달려가는 인간의 나약한 모습도 보게 될 것입니다.

그리고, 하나님은 신약에서 예수님을 통해 자신이 사랑의 하나님임을 보이셨어요.

하나님이 세상을 이처럼 사랑하사 독생자를 주셨으니 이는 저를 믿는 자마다 멸망치 않고 영생을 얻게 하려 하심이니라 (요한복음 3장 16절)

하나님께서는 자신의 친아들인 예수님을 인간의 모습으로 이 땅에 보내셔서 인류의 죄값을 담당하게 하심으로써 당신의 사랑을 보여 주셨어요. 구약의 하나님이건 신약의 하나님이건 하나님께서 바뀌신 것은 결코 아니에요. 구속사적인 관점에서 하나님의 큰 계획 안에서 구약의 하나님에 대해 투영된 모습과 신약에서 하나님에 대해 투영된 모습이 다를 뿐이지요. 그러나, 어리석은 인간은 하나님의 큰 그림을 보지 못하고 단편적 사실에만 집중하여 하나님을 판단하고 오해하는 것이지요.

지성 지옥 구원의 가능성과 자유의지에 대한 말씀을 들으니 구원의 큰 틀에서는 하나님께서 뭔가 자신만의 계획을 가지고 있었겠구나 하는 생각이 드네요.

성경 네! 우리 인간들은 참으로 어리석습니다. 이 땅에서 우리의 삶은 나그네며 잠시 보이다 사라지는 안개와 같습니다.

내일 일을 너희가 알지 못하는도다 너희 생명이 무엇이뇨 너희는 잠간 보이다가 없어지는 안개니라 (야고보서 4장 14절)

그런데, 인간은 이 땅에서 일어나는 수많은 사건들만 가지고 하나님을 수없이 이해하려고 하고 판단하고자 하지요. 이 땅에서 아무리 축복을 받고 행복해도 아니면 아무리 불행하고 고통을 당해도 영원에 비교하면 안개와 같은 시간들이 아닌가요?

하나님의 관점에서 생각해 보면 하나님은 이 땅에서 생명과 죽음을 영원한 생명과 죽음과 비교하여 무엇에 방점을 두고 구속사를 계획하실까요? 인간이 이 땅에서 잠시 머무는 행복에 초점을 두실까요? 영원의 관점에 초점을 두실까요?

지성 당근 영원의 관점이겠죠!

성경 영원의 관점에 초점을 둔다면 구약에서 그 잔인하게 느껴지는 하나님의 역사는 조금도 이해하기 어려운 문제가 아니게 됩니다. 구속 사적인 관점에서 이 땅에서의 삶이 구원의 유일한 기회가 아니라면 궁극적 구원을 위해 더 좋은 길을 예비하고 계시다면 우리는 하나님을 오해할 이유가 조금도 없습니다. 창조 이후 모든 인류 한 사람 한 사람에게 가장 중요한 것은 "영생이냐? 영벌이냐?"인 것이죠. 그리고, 그 영생도 아담이나 루시퍼와 같이 위험한 영생이 아니라 영혼을 보전할 수 있는 안전한 영생이어야 하는 것입니다.

그래서, 구약을 통해 죄의 참혹함과 하나님의 공의를 보여 주신 하나님은 신약에서 예수님을 통해 하나님의 사랑을 보이신 겁니다.

성도 선생님! 말씀 들으니 하나님의 크신 구원의 계획이 깊이 새겨지는 것 같습니다. 하나님께는 인간을 심판하시는 것이 얼마나 가슴 아픈 일이시겠어요. 지옥에서 고통받는 영혼에 대해 얼마나 마음이 아프시겠어요. 그렇지만, 크신 일을 이루시기 위해 하나님께서는 한 걸음 한 걸음 걸어가고 계신 거였네요.

성경 네! 그래서, 참 하나님을 알기 위해서는 예수님을 깊이 알아야 해요.

예수께서 가라사대 빌립아 내가 이렇게 오래 너희와 함께 있으되 네가 나를 알지 못하느냐 **나를 본 자는 아버지를 보았거늘** 어찌하여 아버지를 보이라 하느냐 (요한복음 14장 9절)

우리는 예수님의 사역을 통해 하나님의 성품을 배웁니다.
가난한 목수의 아들로 말 구유에서 태어나신 예수님의 겸손을 통해 하나님의 낮아지심을 배웁니다.

나병환자, 세리, 창기를 차별 없이 대하시는 예수님을 통해 하나님의 인자하심을 배웁니다.

나사로가 죽었을 때의 눈물과 십자가를 지고 가실 때 "나를 위해 울지 말고 네 자녀들을 위해 울라." 하신 말씀을 통해 하나님의 애통하심을 배웁니다.

베드로와 12제자가 다 자기를 버리고 떠났지만 부활 후 그들을 찾으신 모습에서 하나님의 용서하심을 배웁니다.

예수님의 십자가에서 "아버지여! 저들을 용서하소서! 저들은 자기가 하는 일을 알지 못하나이다."는 고백을 통해 원수까지도 품으시는 하나님의 사랑을 배웁니다.

하나님이 미리 아신 자들로 또한 그 **아들의 형상을 본받게 하기** 위하여 미리 정하셨으니 이는 그로 많은 형제 중에서 맏아들이 되게 하려 하심이니라 (로마서 8장 29절)

우리가 예수님의 형상을 배우고 본받음으로써 하나님의 성품에 이르는 것입니다.

그리고, 가장 명백하게는 십자가 자체가 하나님의 성품을 완전히 보여 주고 있습니다. 자신의 독생자를 대속으로 내어 주심으로써 하나님의 사랑을 완성하신 것이죠.

지성 성도야! 나 왜 눈물이 나냐?

성도 나도 그래!

11.

왜, 천사가 아닌
예수님이 십자가를 지셔야 했나?

지성 선생님! 궁금한게 있는데요. 십자가를 지신 분이 왜 예수님이어야

할까요? 천사 중 하나에게 맡길 수도 있지 않았을까요?

성경 하나님의 입장에서 생각해 볼까요?

첫째, 예수님보다 믿고 맡길 수 있는 자가 누가 있을까요?

십자가 대속의 사건은 하나님께서 지으신 어떠한 피조물이라도 감

당하기 힘든 사건입니다. 천사 중 어느 누가 원수까지도 용서하고

사랑하는 이 극단적인 선택을 감당할 수 있을까요? 실상 천사 중 어

느 누구도 원수를 사랑해 본 적이 없습니다. 그들은 하나님을 배신

한 인류를 대하시는 구약의 하나님을 보아왔을 뿐이죠. 원수까지도

사랑하는 하나님의 마음을 가장 잘 아는 자가 누구일까요? 삼위일

체 중에 한 분이신 예수님 아닐까요? 그 예수님께서 맹세로서 나오

셨어요. 자신이 제물이 되시겠다고 나오신 것이죠.

또 예수께서 제사장이 되신 것은 맹세 없이 된 것이 아니니 (그들은 맹세 없이 제사장이 되었으되 오직 예수는 자기에게 말씀하신 이로 말미암아 맹세로 되신 것이라 주께서 맹세하시고 뉘우치지 아니하시리니 네가 영원히 제사장이라 하셨도다 (히브리서 7장 20절 ~ 21절)

이에 내가 말하기를 하나님이여 보시옵소서 두루마리 책에 나를 가리켜 기록된 것과 같이 하나님의 뜻을 행하러 왔나이다 하셨느니라 (히브리서 10장 7절)

이 땅에서의 사역은 단순한 사역이 아닙니다. 30년간의 공생애 가운데 수많은 유혹과 싸워 이겨 죄가 없으셔야 하고, 육적이고 영적인 고통인 십자가를 온전함으로 감당해야 합니다.

천사들 중 누가 이러한 고통과 인내를 경험해 보았나요?

누가 죄의 유혹과 싸워 보았나요?

누가 극심한 육신적 고통을 당해 보았나요?

아무도 없어요. 어쩌면 예수님도 육신적 고통을 당하신 적이 없으셨을 것입니다. 그러나, 삼위일체 중 한 분이셨던 예수님께서는 인류의 죄로 인한 하나님의 심령의 고통을 함께하시면서 고통을 경험하셨을 겁니다.

그는 육체에 계실 때에 자기를 죽음에서 능히 구원하실 이에게 심한 통곡과 눈물로 간구와 소원을 올렸고 그의 경건하심으로 말미암아 들으심을 얻었느니라 (히브리서 5장 7절)

둘째, 온 인류의 죄의 무게와 크기를 담당하는 데 있어 예수님 외에 누가 가능할까요?

죄에 대한 형벌에는 등가성이 따릅니다. 이 땅의 법정에서도 큰 죄를 지은 자는 큰 벌을 받고 작은 죄를 지은 자는 작은 벌을 받습니다. 천사는 하나님의 피조물일 뿐 하나님 본체가 아닙니다. 따라서, 천사가 대속의 십자가를 진다고 해도 그것은 한 영혼의 죄를 대신할 뿐입니다. 온 인류의 죄를 대신할 수 없죠.

그렇지 아니하면 섬기는 자들이 단번에 정결하게 되어 다시 죄를 깨닫는 일이 없으리니 어찌 제사 드리는 일을 그치지 아니하였으리요 그러나 이 제사들에는 해마다 죄를 기억하게 하는 것이 있나니 이는 황소와 염소의 피가 능히 죄를 없이 하지 못함이라 (히브리서 10장 2절 ~ 4절)

이 말씀을 보면 소나 양과 같은 속죄 제물은 죄를 기억하게 할 뿐 죄를 없앨 수는 없다고 하고 있어요. 왜일까요? 소나 양은 인간이 다스리고 정복하는 대상이지 인간과 같은 동급의 피조물이 아니기 때문입니다. 따라서, 소나 양의 제물로는 인간의 죄값을 대체할 수 없는 것이죠. 천사는 인간과 같은 하나님의 피조물이죠. 동일하게 자유의지를 가지고 하나님을 섬기라고 지음 받은 존재입니다. 천사와 인간은 위계적으로 동일한 위계입니다. 따라서, 한 명의 천사의 희생은 한 명의 인간의 죄를 속할 뿐인 거죠.

그러나, 예수님은 삼위일체이신 하나님의 본체이고 영광의 형상이

십니다. 따라서, 예수님께서는 그 존재 자체로서 영원성을 가지시고 그 권세 자체로서 무한함을 가지시죠.

이는 **하나님의 영광의 광채시요 그 본체의 형상이시라** 그의 능력의 말씀으로 만물을 붙드시며 죄를 정결하게 하는 일을 하시고 높은 곳에 계신 지극히 크신 이의 우편에 앉으셨느니라 (히브리서 1장 3절)
예수는 영원히 계시므로 그 제사장 직분도 갈리지 아니하느니라 그러므로 자기를 힘입어 하나님께 나아가는 자들을 온전히 구원하실 수 있으니 이는 그가 항상 살아 계셔서 그들을 위하여 간구하심이라 (히브리서 7장 24절 ~ 25절)

따라서, 예수님이 드리는 제사는 다시 드릴 필요 없이 예수님을 영접하는 자는 누구나 구원하실 수 있는 제사가 되는 것이죠.

그가 거룩하게 된 자들을 한 번의 제사로 영원히 온전하게 하셨느니라 (히브리서 10장 14절)

셋째, 예수님보다 하나님의 성품을 보여 줄 수 있는 자가 누가 있을까요?

예수께서 가라사대 빌립아 내가 이렇게 오래 너희와 함께 있으되 네가 나를 알지 못하느냐 **나를 본 자는 아버지를 보았거늘** 어찌하여 아버지를 보이라 하느냐 (요한복음 14장 9절)

구약의 하나님은 인자의 하나님보다는 엄위의 하나님으로 더 느껴지는 것을 부인할 수 없습니다. 어쩌면 그래서, 예수님 초림 때 대제사장들은 율법주의에 더 가까웠을 수도 있어요. 그런데, 이제 삼위일체 중의 한 분이신 예수님께서 오셔서 하나님의 성품을 계시하십니다. 그분의 말씀 한마디 한마디, 행동 하나하나, 표정과 몸짓까지 모두 하나님의 성품을 계시합니다. 구약에서는 하나님께서 자신을 계시하시는 것은 선지자들을 통해서였고 율법과 역사를 통해서였습니다. 자신을 온전히 보여 주시는 데는 한계가 있으셨죠. 그러나, 예수님께서 오셔서는 눈으로 보고 느끼게 된 것입니다. 그리고, 그것을 성경으로 기록했죠. 오늘날 기독교를 사랑의 종교라고 합니다. 사실 이것은 예수님으로 말미암는다고 보는 것이 더 타당할 것입니다. 예수님의 행적이 예수님의 사랑을 부인할 수 없게 하기 때문이죠. 그러나, 실상은 예수님과 하나님은 같은 분입니다. 예수님께서 사랑이신 것처럼 하나님께서도 사랑이신 것입니다.

성도 네! 동감합니다. 저도 지적으로는 하나님은 사랑이라고 알고 있었지만 왠지 예수님의 사랑은 마음 깊은 곳으로부터 동의가 되는데 하나님의 사랑은 마음 깊은 곳으로부터 잘 안 받아들여진 것 같거든요. 선생님! 말씀을 들으니 하나님의 사랑도 예수님의 사랑과 같은 거네요. 앞으로는 하나님도 마음으로부터 사랑할 수 있도록 해야겠어요.

12.

예수님은 왜 겟세마네 동산에서 간절히 하나님께 기도했나?

성도 하나님의 구속사의 원대한 목적 중 하나가 하나님의 성품을 닮는 것이라고 하셨잖아요. 그런데, 하나님의 성품의 가장 근본적인 모습은 무엇일까요?

성경 요한복음 말씀을 한번 볼까요?

사람이 친구를 위하여 자기 목숨을 버리면 **이보다 더 큰 사랑이 없나니** (요한복음 15장 13절)

이 부분은 예수님이 십자가 대속을 이루시기 전에 제자들에게 한 말입니다. 친구를 위하여 자기 목숨을 버리면 이보다 더 큰 사랑이 없다고 말이죠. 친구를 위해 목숨을 버리면 그것은 사랑의 완성이고 하나님의 성품의 온전한 성취라고 말하는 것이죠.

이 말은 다른 말로 하면, 하나님도 우리 인간을 위해 목숨을 버리셨다는 말씀으로 이해할 수도 있죠. 왜냐하면, 친구를 위해 목숨을 버리는 것이 하나님의 성품의 완성이기 때문이죠.

지성 하나님께서 인간을 위해 목숨을 버리셨다고요? 목숨을 버리신 것은 예수님이죠.

성경 예수님은 십자가 사건을 통해 인간을 위해 목숨을 버리셨다고 이해할 수도 있어요. 그런데, 십자가 사건이 이미 승리가 확정된 사건이라면 친구를 위해 목숨을 버린 사건이라고 하기에는 조금 부족해 보이지 않는가요?

예수님은 겟세마네 동산에서 눈물과 간구로 하나님께 기도 드렸어요.

베드로와 세베대의 두 아들을 데리고 가실새 고민하고 슬퍼하사 이에 말씀하시되 **내 마음이 매우 고민하여 죽게 되었으니** 너희는 여기 머물러 나와 함께 깨어 있으라 하시고 조금 나아가사 얼굴을 땅에 대시고 엎드려 기도하여 이르시되 내 아버지여 **만일 할 만하시거든 이 잔을 내게서 지나가게 하옵소서** 그러나 나의 원대로 마시옵고 아버지의 원대로 하옵소서 하시고 (마태복음 27장 37절 ~ 39절)

예수께서 힘쓰고 애써 더욱 간절히 기도하시니 땀이 땅에 떨어지는 핏방울 같이 되더라 (누가복음 22장 44절)

예수님께서는 대속의 제물로서 이 땅에 오셨어요. 온전한 대속의 제물이 되기 위해서는 어떠한 상황에서도 결코 죄를 지어서는 안 됩니다. 예수님이 죄를 짓게 된다는 것은 무엇을 의미할까요? 그것은 삼위일체 하나님의 해체요 우주 질서의 붕괴입니다. 예수님은 40일 금식 후 주리신 상태에서 마귀의 시험을 받으셨어요. 마귀가 왜 시험했을까요? 자신이 예수님을 넘어뜨릴 수도 있다고 보지 않았다면 시험을 했을까요? 그럼, 왜 예수님을 무너뜨릴 수 있다고 생각했을까요? 다른 말로 하면 어떻게 하나님의 계획을 무너뜨릴 수 있다고 생각했을까요?

사실, 예수님께서 십자가에서 인류 구원의 길을 여시기까지 천국에서 쫓겨난 이후의 마귀의 역사는 승전의 역사입니다.

마귀는 하와를 유혹하여 인간에게 주어진 이 땅을 다스리고 정복하는 권세를 빼앗았습니다.

하나님이 자기 형상 곧 하나님의 형상대로 사람을 창조하시되 남자와 여자를 창조하시고 하나님이 그들에게 복을 주시며 그들에게 이르시되 **생육하고 번성하여 땅에 충만하라, 땅을 정복하라,** 바다의 고기와 공중의 새와 땅에 움직이는 모든 **생물을 다스리라 하시니라** (창세기 1장 27절 ~ 28절)
마귀가 또 예수를 이끌고 올라가서 순식간에 천하 만국을 보이며 가로되 이 모든 권세와 그 영광을 내가 네게 주리라 **이것은 내게 넘겨준 것이므로** 나의 원하는 자에게 주노라 (누가복음 4장 5절 ~ 6절)

마귀는 또한 가인을 유혹하고, 온 인류를 타락시켜 하나님이 물로 심판하여 몰살하실 수밖에 없게 하였어요.
하나님은 노아를 선택하시고, 아브라함을 선택하시어 이스라엘을 세우셨어요. 이 세상 주관자인 마귀가 볼 때는 이 땅에 하나님이 작은 틈 하나 만든 것으로 보였을 것입니다. 그런데, 마귀는 이스라엘 조차도 하나님께 불순종하여 멸망의 심판을 하실 수밖에 없게 했어요.

이 세상은 완전히 마귀의 것이었고, 마귀의 시각에서는 하나님의 모든 인류를 향한 계획은 실패한 것처럼 보였을지도 모릅니다. 교만으로 인해 심판받은 마귀는 그 교만으로 인해 하나님이 어떠한 지혜자이시고 모사에 능하신 분이신지를 잊었는지도 모릅니다. 그리고, 예수님이 이 땅에 오셨습니다.

마귀는 처음에는 예수님이 이 세상의 왕으로 오셔서 자기 왕국인 이 세상을 빼앗으러 온 것으로 알았던 것 같아요. 그래서, 예수님께서 태어나시자 헤롯을 격동시켜 수많은 아기들을 몰살했던 것으로 보입니다.

이에 헤롯이 박사들에게 속은 줄 알고 심히 노하여 사람을 보내어 베들레헴과 그 모든 지경 안에 있는 사내아이를 박사들에게 자세히 알아본 그 때를 기준하여 두 살부터 그 아래로 다 죽이니 (마태복음 2장 16절)

그런데, 예수님의 공생애 시작부터 예수님의 사역이 자신의 생각과 다르다는 것을 느꼈던 것 같아요. 예수님께 세례를 베풀며 요한은 이 세상 죄를 지고 가는 즉, 대속의 어린 양이라고 예수님을 소개하거든요.

이튿날 요한이 예수께서 자기에게 나아오심을 보고 가로되 **보라 세상 죄**

를 지고 가는 하나님의 어린 양이로다 (요한복음 1장 29절)

그리고, 예수님의 사역도 천국 말씀을 선포하시고, 병자를 치유하시지 다윗과 같은 이 땅의 이스라엘에 왕으로 오신 분으로는 여겨지지 않는 말씀만 하시는 거예요. 그래서, 마귀는 예수님을 죽이는 것보다는 죄를 짓게 하는 방향으로 선택했던 것이죠.

예수님의 공생애 시험은 광야에서의 예수님의 40일 금식에서부터 시작됩니다.

시험하는 자가 예수께 나아와서 이르되 네가 만일 하나님의 아들이어든 명하여 이 돌들로 떡덩이가 되게 하라 (마태복음 4장 3절)

마귀가 어떻게 시험하나요? 돌로 떡덩이가 되게 하라고 합니다. 만일 예수님께서 채찍에 맞으실 때, 십자가에서 고통당하실 때 자신의 능력을 조금만 이용하여 아픔을 감하셨다면 능히 하실 수 있었을 것입니다. 그러나, 예수님은 그러한 유혹을 물리치셨어요. 돌덩이가 떡덩이가 되게 하는, 자신의 유익을 위한 기적을 행하지 않으신 예수님께서는 십자가의 고통을 온몸으로 견디심으로써 온전한 제물이 되셨어요.

이르되 네가 만일 하나님의 아들이어든 뛰어내리라 기록되었으되 그가 너를 위하여 그의 사자들을 명하시리니 그들이 손으로 너를 받들어 발이 돌

에 부딪치지 않게 하리로다 하였느니라 (마태복음 4장 6절)

마귀가 어떻게 시험하나요? 뛰어 내려 자신을 증명하라고 합니다. 예수님에게 루시퍼 자신이 타락했던 그 죄! 바로 교만을 부추긴 것입니다. 이 사건은 십자가 사건에서도 동일하게 발생합니다. 십자가에서 못 박힌 예수님께 유대인들은 말합니다. "네가 하나님이 아들이거든 지금이라도 십자가에서 내려오라고……."

이르되 성전을 헐고 사흘에 짓는 자여 네가 만일 하나님의 아들이어든 자기를 구원하고 십자가에서 내려오라 하며 (마태복음 27장 40절)

그러나, 예수님은 자신을 증명하려고 하시기보다 참으시고 십자가의 제물이 되셨습니다.

이르되 만일 내게 엎드려 경배하면 이 모든 것을 네게 주리라 (마태복음 4장 9절)

마귀가 어떻게 시험하나요? 내 앞에 엎드려 경배하면 천하만국을 주겠다고 유혹합니다. 네가 온 이유가 무엇이냐? 천하만국을 얻기 위함이 아니냐? 그럼, 십자가를 지지 않아도 된다. 내가 줄 터이니 내게 절 한 번만 하면 된다. 그러나, 예수님은 십자가를 선택하셨어요. 천하만국을 얻기 위함이 아니라 구원하기 위함이기 때문입니다.
지성 선생님 말씀은 마귀의 목적은 예수님을 죄 짓게 하는 거라는 거네요.

성경 네! 마귀의 목적은 예수님을 넘어뜨리는 것이 목적이었습니다. 마귀는 영적 존재로서 죽음의 의미를 잘 아는 존재인데, 예수님이 죽고 사는 것이 마귀에게 무슨 의미가 있었겠어요? 예수님께서 돌아가시면 육체에 제약받지 않는 삼위일체의 하나님 본래의 모습으로 돌아가는 것인데 이것이 마귀에게 무슨 의미가 있었겠어요? 마귀의 목적은 예수님의 공생애 이후 한결같이 예수님을 넘어뜨리는 것입니다.

베드로가 예수를 붙들고 항변하여 이르되 주여 그리 마옵소서 이 일이 결코 주께 미치지 아니하리이다 예수께서 돌이키시며 베드로에게 이르시되 사탄아 내 뒤로 물러 가라 **너는 나를 넘어지게 하는 자로다** 네가 하나님의 일을 생각하지 아니하고 도리어 사람의 일을 생각하는도다 하시고 (마태복음 16장 23절)

마귀는 지속적으로 예수님을 넘어뜨리려고 했고, 그것을 통한 예수님의 타락과 삼위일체의 해체와 우주질서의 붕괴가 마귀의 목적이었다면 완전한 사랑이신 예수님이 무엇을 두려워했는지 더 온전히 알 수 있습니다. 단순히 십자가의 고통이 너무 견디기 힘들어서 겟세마네 동산에서 땀방울이 핏방울이 되기까지 눈물과 간구로 기도드린 것이 아닌 것입니다. 십자가의 길은 예수님의 공생애의 기간 중 가장 극심한 고통의 길이고 혹 그 고통을 이기지 못해 실패하실 경우 그 대가는 상상할 수 없을 만큼 끔찍합니다. 마귀는 십자가 기간 내내 예수님을 할 수 있는 한 최고로 고통스럽게 다룰 것입니다.

마귀는 어떠한 죄수보다 예수님이 모멸감을 느끼게 만들 것입니다.

어떤 사람은 **그에게 침을 뱉으며 그의 얼굴을 가리고 주먹으로 치며** 이르되 선지자 노릇을 하라 하고 하인들은 손바닥으로 치더라 (마가복음 14장 65절)

지나가는 자들은 자기 머리를 흔들며 **예수를 모욕하여 이르되** 아하 성전을 헐고 사흘에 짓는다는 자여 네가 너를 구원하여 십자가에서 내려오라 하고 (마가복음 15장 29절 ~ 30절)

마귀는 어떠한 죄수보다 더 심한 육체의 고통을 줄 것입니다.

이에 바라바는 그들에게 놓아 주고 **예수는 채찍질하고** 십자가에 못 박히게 넘겨 주니라 (마태복음 27장 26절)

가시관을 엮어 그 머리에 씌우고 갈대를 그 오른손에 들리고 그 앞에서 무릎을 꿇고 희롱하여 이르되 유대인의 왕이여 평안할지어다 하며 (마태복음 27장 29절)

예수님께서는 이 모든 것을 이겨 내셔야 합니다. 그래야, 온전한 대속물이 되어 인류를 구원하실 수 있고, 하나님과의 온전한 관계도 분리되지 않을 수 있습니다. 하나님은 죄와 함께할 수 없는 분이기 때문입니다.

성도 예수님의 십자가는 죄와의 커다란 전쟁이었군요. 온전한 제물이 되셔야 했으니까요. 온전한 십자가를 지지 않으시고 곁길로 간다면 죄가 되겠죠.

성경 맞습니다. 겟세마네 동산에서 하나님께서 예수님께 하신 말씀은 무엇이었을까요?

"아들아! 나는 너를 믿는다. 그리고, 나를 너에게 맡긴다."

하나님께서는 자신을 예수님께 맡기신 것입니다. 친구인 인류를 구원하시기 위하여 말입니다.

하나님께서는 어떻게 이런 선택을 하실 수 있었을까요? 그분께서는 삼위일체 중의 한 분이신 예수님을 믿으셨습니다. 하나님 자신이 가장 잘 아는 분 예수님은 능히 십자가에서 승리하실 줄 믿으신 것입니다.

하나님의 우리를 위한 사랑은 친구를 위해 자기 목숨을 버린 사랑이고 이 사랑이 바로 세상 전쟁터에서 성도에게 이루기 원하셨던 하나님의 성품입니다.

그럼, 영적 세계에서는 하나님과 사탄간에 어떠한 일이 있었기에 예수님은 대제사장들에게 잡혀 로마군병에 넘겨져 십자가에 못 박혀 돌아가시게 되었을까요?

내가 날마다 너희와 함께 성전에 있을 때에 내게 손을 대지 아니하였도다
그러나 이제는 너희 때요 어둠의 권세로다 하시더라 (누가복음 22장 53절)

예수님께서 십자가에 못 박혀 돌아가신 것은 사람의 눈으로 보기에는 예수님을 시기한 대제사장들과 유대인의 반란을 두려워한 빌라도 때문인 것처럼 보입니다. 그러나, 하나님이 권세를 허락한 것이라고 성경은 분명히 말하고 있는 것이죠. 예수님께서 속으로 이렇게 말씀하지 않으셨을까요?

대제사장들아! 너희가 나를 시기 질투하여 나를 빌라도에게 넘겨준 것 같고 너희에게 그런 권세가 있는 것 같지만 아니다. 내가 허락한 것이다. 어둠의 권세자인 마귀에게 권세를 주었고 마귀의 자식인 너희는 마귀에 의해 충동받은 것이다. 그러나, 너희 죄가 없다고 생각하지 말아라! 너희 마음에 악한 마음을 이미 품었기에 마귀가 너를 충동하고 행하게 한 것이니!

이때로부터 예수 그리스도께서 **자기가 예루살렘에 올라가 장로들과 대제사장들과 서기관들에게 많은 고난을 받고 죽임을 당하고 제삼일에 살아나야 할 것을 제자들에게 비로소 가르치시니** 베드로가 예수를 붙들고 간하여 가로되 **주여 그리 마옵소서 이 일이 결코 주에게 미치지 아니하리이다** 예수께서 돌이키시며 베드로에게 이르시되 사단아 내 뒤로 물러 가라 너는 나를 넘어지게 하는 자로다 네가 하나님의 일을 생각지 아니하고 도리어 사람의 일을 생각하는도다 하시고 (마태복음 16장 21절 ~ 23절)

마귀는 하나님으로부터 예수님을 넘겨받을 때, 이미 십자가에서의 죽음과 부활에 대한 하나님의 계획을 예수님의 선언을 통해 알고 있었습니다. 마귀는 알고도 예수님을 붙잡아 십자가에 못 박혀 돌아가시게 했습니다. 마귀는 스스로를 파괴하는 자해자인가요? 자신에게 불행이 예고된 이 판에 마귀는 왜 뛰어들었을까요? 앞에서도 말했지만 마귀의 목적은 예수님과 하나님과의 분리입니다. 그리고, 분리할 수 있다고 생각했을 것입니다. 어떠한 상황에서도 예수님이 죄를 지으면 분리인 것입니다. 베드로를 충동해 "이 일이 결코 주에게 미치지 아니하리이다" 이 말의 의미는 무엇인가요? 하나님의 계획을 거스르라. 이 말인 것입니다. 하나님의 뜻을 거스를 때 예수님과 하나님간에는 균열과 분리가 일어나는 것입니다. 십자가를 지는 모든 과정에서 예수님을 괴롭힌 목적도 역시 하나님과의 분리인 것입니다.

영적 세계에서 하나님과 마귀와의 이러한 거래를 명확하게 보여 주는 사례가 있으니 그것은 욥의 수난입니다.

성도 욥기에 하나님과 마귀와의 거래가 있었나요?

성경 욥기를 한번 볼까요?

또 하루는 하나님의 아들들이 와서 여호와 앞에 서고 사단도 그들 가운데 와서 여호와 앞에 서니 여호와께서 사단에게 이르시되 네가 어디서 왔느냐 사단이 여호와께 대답하여 가로되 땅에 두루 돌아 여기 저기 다녀 왔나이다 여호와께서 사단에게 이르시되 네가 내 종 욥을 유의하여 보았느냐 그와 같이 순전하고 정직하여 하나님을 경외하며 악에서 떠난 자가 세상에 없느니라 네가 나를 격동하여 까닭없이 그를 치게 하였어도 그가 오히려 자기의 순전을 굳게 지켰느니라 사단이 여호와께 대답하여 가로되 가죽으로 가죽을 바꾸오니 사람이 그 모든 소유물로 자기의 생명을 바꾸올찌라 이제 주의 손을 펴서 그의 뼈와 살을 치소서 그리하시면 정녕 대면하여 주를 욕하리이다 여호와께서 사단에게 이르시되 내가 그를 네 손에 붙이노라 오직 그의 생명은 해하지 말찌니라 사단이 이에 여호와 앞에서 물러가서 욥을 쳐서 그 발바닥에서 정수리까지 악창이 나게 한지라 (욥기 2장 1절 ~ 7절)

욥은 하나님 앞에 순전한 자였습니다. 이것을 하나님께서는 칭찬하시고 마귀가 비방했습니다. 이에 하나님은 욥을 하나님의 허락하시는 범위 안에서 마귀에게 넘겼습니다. 마귀는 하나님의 허락하신 범위 안에서 최대한 욥을 괴롭게 했습니다. 결국 욥은 처음에는 잘 감당하였으나, 나중에는 좌절과 절망의 늪으로 빠져들고 말죠. 욥은 하나님을 욕하지는 않았지만 자신을 저주함으로써 순전함을 지키는 데 실패했고 마귀의 시험은 부분적으로는 성공했다고 볼 수 있습니다. 그래서, 하나님께서는 욥을 책망하시기는 했지만 욥을 회복시키셨습니다. 그리고, 욥은 하나님을 직접 만나는 자가 되었습니다. 그러나, 예수님은 모든 수난의 과정에서 믿음과 정절을 지켰습니다. 욥은 부분적으로 실패했지만 예수님은 끝까지 온전히 하나님을 신뢰하고 인내했고 사랑했습니다. 이것이 십자가의 완전한 승리인 것이죠.

지성 성도야! 나 왜 자꾸 자꾸 눈물이 나냐?

성도 나도 계속 그래!

하나님의 성품과 구속사역

13.

하나님은 어떻게
자유의지를 단련하시는가?

성도 자유의지의 단련의 필요성을 잘 알았고 그리고, 단련을 통해 도달해야 할 곳은 하나님의 성품인 것도 알았습니다. 그러면, 하나님께서는 우리의 삶 가운데 어떻게 자유의지를 단련해 가시나요? 다른 말로 하면 우리는 어떻게 자유의지를 단련해 가나요?

성경 네! 그럼 자유의지 단련의 여정을 살펴볼까요?

우리는 우리 주변에서 일어나는 모든 일을 다 이해할 수는 없습니다. 하나님의 뜻으로 믿고 열심히 살았던 자가 왜 더 심한 고난과 고통 속에 살아가는지! 악한 자는 잘되는 것 같고, 선한 자는 실패하는 것 같은지! 믿음으로 달려간 것 같은 열매는 왜 실패인지!

그래서, 우리에게는 하나님을 이해하려고 하기 전에 신뢰하는 것이 필요합니다. 어떠한 상황에서도 조금도 하나님의 사랑을 의심하지 않는 하나님에 대한 완전한 신뢰로 나아가야 합니다. 아래 말씀을 믿으면서 말입니다.

우리가 알거니와 하나님을 사랑하는 자 곧 그 뜻대로 부르심을 입은 자들에게는 모든 것이 합력하여 선을 이루느니라 (로마서 8장 28절)

그런데, 우리 자신의 모습은 어떠한가요? 우리의 모습을 볼 때 낙심하고 절망할 수밖에 없음을 고백하게 됩니다. 이기적이고 연약한 우리 자신의 모습을 볼 때 탄식밖에 나오는 것이 없습니다.
이 극심한 전쟁터에서 나는 그리고, 인간은 어떻게 승리할 수 있다는 것인가요?
그 비결은 하나님에 대한 믿음과 말씀에의 순종에 있습니다.

이로써 그 보배롭고 지극히 큰 약속을 우리에게 주사 이 약속으로 말미암아 너희가 정욕 때문에 세상에서 썩어질 것을 피하여 **신성한 성품에 참여하는 자**가 되게 하려 하셨느니라 그러므로 너희가 더욱 힘써 너희 **믿음**에 덕을, 덕에 지식을, 지식에 절제를, 절제에 인내를, 인내에 경건을, 경건에 형제 우애를, 형제 우애에 **사랑**을 더하라 (베드로후서 1장 4절 ~ 7절)

"신성한 성품" 다른 표현으로는 하나님의 성품에 참여하기 위해서 경건에 이르는 길에 있어 믿음이 시작이고 기초이며 사랑이 완성입니다. 이 길을 거치면서 우리는 경건에 이르게 됩니다. 경건의 훈련을 통해 부어지는 하나님의 성품을 믿음을 통해서 취하는 것이 되는 것이죠. 그리고, 하나님의 성품의 최종 목적지인 사랑을 향해 달려가는 것입니다.
그럼, 이 믿음은 어떠한 믿음인가요?

그러므로 상속자가 되는 그것이 은혜에 속하기 위하여 믿음으로 되나니 이는 그 약속을 그 모든 후손에게 굳게 하려 하심이라 율법에 속한 자에게뿐만 아니라 아브라함의 믿음에 속한 자에게도 그러하니 아브라함은 우리 모든 사람의 조상이라 기록된 바 내가 너를 많은 민족의 조상으로 세웠다 하심과 같으니 그가 믿은 바 하나님은 죽은 자를 살리시며 없는 것을 있는 것으로 부르시는 이시니라 아브라함이 바랄 수 없는 중에 바라고 믿었으니 이는 네 후손이 이같으리라 하신 말씀대로 많은 민족의 조상이 되게 하려 하심이라 그가 백 세나 되어 자기 몸이 죽은 것 같고 사라의 태가 죽은 것 같음을 알고도 믿음이 약하여지지 아니하고 믿음이 없어 하나님의 약속을 의심하지 않고 믿음으로 견고하여져서 하나님께 영광을 돌리며 약속하신 그것을 또한 능히 이루실 줄을 확신하였으니 (로마서 4장 16절 ~ 21절)

상속자가 되는 우리가 소유하는 믿음은 아브라함의 믿음이며, 아브라함은 믿음의 예표가 되었습니다. 그런데, 그 아브라함의 믿음이 무엇인지 아시나요? 죽은 자를 살리는 믿음으로 이삭을 제물로 드렸고, 없는 것을 있는 것으로 믿는 믿음으로 월경이 끊어진 사라에게 잉태가 이루어질 것을 믿었고, 후사가 없을 때 많은 민족의 조상이 되리라고 믿었습니다. 아브라함은 도저히 믿을 수 없는 모든 상황 가운데에서도 믿음으로써 믿음의 조상이 되었습니다. 이 믿음이 아브라함의 믿음이며, 육체의 약함으로 인해 소망 없는 우리에게 찾으시는 믿음입니다. 죄로 말미암아 죽은 육신을 소유한 우리에게 아브라함의 믿음을 가져라! 그러면, 너희는 변화되고 거룩하게 된다고 말씀하시는 것입니다.

성도 선생님 죄송한데요, 저도 크리스천이어서 이러한 믿음을 가지고 선
　　포도 해봤는데요 자꾸 넘어집니다. 왜일까요? 믿는다고 하지만 변
　　화되지 않은 저와 주변의 수많은 사람들은 도대체 어떻게 설명해야
　　하는 것인가요?

성경 네, 쉽게 변화되지 않고 넘어진다는 것에 공감합니다. 그래서, 우리
　　는 성령님을 전적으로 의지하고 그분께 순종하고 그분을 좇아야 합
　　니다.

　　육신을 따르지 않고 그 영을 따라 행하는 우리에게 율법의 요구가 이루어
　　지게 하려 하심이니라 육신을 따르는 자는 육신의 일을, 영을 따르는 자는
　　영의 일을 생각하나니 (로마서 8장 4절 ~ 5절)
　　내가 이르노니 너희는 성령을 따라 행하라 그리하면 육체의 욕심을 이루
　　지 아니하리라 (갈라디아서 5장 16절)

　　성령님은 우리에게 내적 교통을 통해 말씀하시며 우리는 성령을 좇
　　아야 합니다. 성령께서 말씀하시면 순종함으로써 육체의 욕심을 버
　　리고 거룩에 이를 수 있습니다.

성도 선생님! 그런데, 성령은 눈에 보이시는 분도 아니고 성령님 말씀을
　　어떻게 알 수 있죠?

성경 예수님의 말씀을 포함한 성경 말씀이 성령이 하시는 말씀의 시금석
　　이 되죠.

　　그가 내 영광을 나타내리니 내 것을 가지고 너희에게 알리겠음이니라 (요

한복음 16장 14절)

성령은 우리를 교훈과 책망과 바르게 하는 길로 인도합니다. 예수
님이 하신 말씀 즉 성경 말씀이 성령께서 말씀하시는 근거입니다.
따라서, 우리는 지속적으로 성령님과 교제하도록 하고 성령께서 주
시는 내면의 소리에 귀 기울여야 합니다. 그리고, 그 내면에서 들리
는 소리가 과연 성경에 부합하는지를 살펴야 하죠. 따라서, 우리는
성경을 깊이 알아야 합니다.

성도 선생님! 죄송한데요. 이건 저도 다 아는 것 같아요. 그리고, 대부분
의 성도가 알고 있지만 성취하지 못하고 있는 것 아닌가요?

성경 네 맞아요! 사실 단번에 경건에 이르는 비결은 없습니다. 우리는 날
마다 하나님께 간구하고, 날마다 성령님께 귀 기울이고, 날마다 성
령님께서 성경에 근거해서 하신 말씀을 순종하는 삶을 살아야 합니
다. 이러한 삶이 날마다 이루어지지 않는다면 우리가 머리로 아는
지식으로는 변화될 수 없어요.

형제들아 내가 그리스도 예수 우리 주 안에서 가진 바 너희에 대한 나의
자랑을 두고 단언하노니 나는 날마다 죽노라 (고린도전서 15장 31절)

우리는 날마다 죽어야 합니다. 그리고, 연약함으로 죄를 지었을 때
는 하나님께 회개하고 은혜를 구하고 변화의 능력을 더 하시도록
기도와 간구하고 돌이켜 더욱 굳게 결단해야 합니다.

날마다 주를 좇는 삶을 사는 것 이것이 비결 아닌 비결입니다.

그럼, 날마다 나를 쳐서 복종시키는 이 모든 과정을 왜 하나님께서는 겪게 하실까요? 바로 이것이 자유의지의 단련의 과정이기 때문입니다. 때로는 승리하고 때로는 실패할지라도 이러한 과정을 통해 자유의지는 단련되어 내 능력으로는 죄를 이길 수 없음을 더욱 깨닫고, 하나님께 더욱 의지하여 하나님의 능력으로 예수님께 접붙임을 받아서 온전케 되기를 더욱 추구하는 길이기 때문입니다.

이러한 과정을 통해 사탄이 자신을 바라봄으로써 넘어진 **교만**과 아담과 이브가 저질렀던 **불신**과 자신의 지위를 떠난 천사들의 **불경건한 호기심**의 담을 넘어서는 하나님의 성품이 마음 깊이 각인된 **내적 지식**을 소유하게 되기 때문입니다.

14.

단련된 자유의지를 가진 인간의 축복은
천사보다 얼마나 더 큰가?

성경 하나님의 성품을 닮기 위해 자유의지의 단련 과정인 경건의 연습을
합니다. 하나님의 성품은 무엇인가요? 그것은 한 단어로 표현하면
"사랑"이죠.

하나님은 사랑이시라 (요한일서 4장 8절)

하나님의 성품을 닮는다는 것은 사랑의 사람이 된다는 것과 동일한
말인 것입니다. 이것을 위해 하나님은 이 땅에서 인간이 경건의 훈
련을 하게 하셨으며, 인간은 천사는 도저히 경험할 수 없는 훈련을
하는 특권을 누리게 되었습니다. 그럼, 천사는 도저히 누릴 수 없는
이 사랑의 훈련이 무엇인지 살펴보도록 하지요.

지성 천사는 누릴 수 없는 사랑의 훈련이라고요? 누린다는 표현을 하니
까 좋은 것 같기는 한데 저는 왠지 왜 괴로운 훈련일 거 같죠?

성경 네! 그렇지만, 우리 안에 이루어지면 정말 좋은 겁니다. 사랑에 대한 대표적인 성경 말씀인 고린도전서 13장을 볼까요?

사랑은 오래 참고 사랑은 온유하며 시기하지 아니하며 사랑은 자랑하지 아니하며 교만하지 아니하며 무례히 행하지 아니하며 자기의 유익을 구하지 아니하며 성내지 아니하며 악한 것을 생각하지 아니하며 불의를 기뻐하지 아니하며 진리와 함께 기뻐하고 모든 것을 참으며 모든 것을 믿으며 모든 것을 바라며 모든 것을 견디느니라 (고린도전서 13장 4절 ~ 7절)

고린도전서 13장에는 사랑이 무엇인지 구체적으로 말하고 있어요. 이 말씀을 통해 천사는 경험할 수 없는 사랑에 대한 경건의 훈련의 특권을 살펴볼까요?

"사랑은 오래 참고" 천사가 이 말의 의미를 이해할 수 있을까요? 물론 지식적으로는 알 것입니다. 그러나, 내적으로 이해할 수 있을까요? 성도는 주변의 누군가와 둘러싸여 때로는 오해도 받고 핍박도 받으며 그들의 변화와 구원을 위해 기도하며 인내합니다. 천사가 누구의 오해를 받을까요? 천사가 누구를 위해 간절하게 기다릴까요? 오직 이 땅에서 인간만이 누릴 수 있는 오래 참는 경건의 훈련입니다.

"사랑은 온유하며" 천사는 기본적으로 온유합니다. 그러나, 성도는 "그럼에도 불구하고"의 온유함을 추구합니다. 무례하게 행하는 자에게도 온유함을 추구합니다. 왼뺨을 치는 자에게 오른 뺨을 내밉니다. 겉옷을 달라는 자에게 속옷을 주는 온유함을 추구합니다. 이런 온유함을 실천할 수 있는 기회가 천사에게 있을까요? 그들 주변에 이러한 무례한 자가 있을까요?

"사랑은 자랑하지 아니하며 교만하지 아니하며 무례히 행하지 아니하며" 천사들은 루시퍼가 빠진 자랑과 교만의 유혹에 빠지지 않은 자들입니다. 그들도 이 부분에 있어서는 훈련을 받은 존재들입니다. 그리고, 그들의 성품은 기본적으로 온유하므로 무례히 행하지 않을 것입니다. 그러나, 인간은 연약한 육체의 본성에 묶여 있습니다. 마귀로부터 자신도 모르는 사이에 끊임없이 자랑과 교만과 무례함에 대한 유혹을 받습니다. 이로 인해 내적 갈등과 이로 인한 탄식과 간구를 하나님께 드릴 수밖에 없습니다. 때로는, 승리하기도 하며 때로는 넘어지기도 합니다. 이러한 과정을 통해 우리의 내적 자유의지는 더욱 단단히 단련되어 갑니다. 천국에서는 유혹하는 자가 없는 단련된 자유의지만 남을 것입니다. 이런 면에서 천국에서의 인간은 오히려 천사보다 더 굳건한 겸손과 온유의 옷을 입을 것입니다.

"자기의 유익을 구하지 아니하며 성내지 아니하며 악한 것을 생각하지 아니하며" 천사는 자신의 유익을 구하지 않고 오직 하나님의 뜻을 좇아 살아가는 존재들입니다. 천사는 주변에서 천사를 충돌하여 성내게 하는 자도 없습니다. 천사는 악한 것이 그 내면에 아예 없고 악한 생각을 주는 자도 없습니다. 그러나, 인간이 처한 내적, 외적, 영적 환경은 아주 다릅니다. 죄의 본성을 가진 육체를 입고 있으며, 이기심 없이는 살아갈 수 없을 것 같은 환경과 마귀가 보이지 않는 세계에서 끊임없이 충동합니다. 죄를 짓지 않고는 도저히 살 수 없을 것 같은 환경에 인간은 놓여 있는 것입니다. 이 전쟁터에서 인간은 경건의 연습을 하고 있습니다. 상상해 보세요. 이 전쟁터에서 단련된 인간의 자유의지는 천국에서 얼마나 굳건할지!

"불의를 기뻐하지 아니하며 진리와 함께 기뻐하고" 천사들도 불의를 기뻐하지 않고 진리를 기뻐합니다. 그리고, 천사는 진리를 존재 자체로서 압니다. 그러나, 인간은 불의가 진리인 것처럼 포장된 세상에서 끊임없이 진리를 알고자 추구하고 진리에 다가가고자 합니다. 이런 진리에 대한 갈망은 천국에서 모든 진리를 알게 되었을 때 거짓에 속지 않는 더욱 깊은 내적 성숙에 이르게 하고 더욱 깊은 하나님에 대한 신뢰에 이르게 할 것입니다. 이것은 결코 천사는 누릴 수 없는 특권입니다.

"모든 것을 참으며 모든 것을 믿으며 모든 것을 바라며 모든 것을 견디느니라" 천사가 참을 수 없는 것을 참을 일이 있습니까? 천사가 믿을 수 없는 것을 믿을 일이 있습니까? 천사가 바랄 수 없는 것을 바랄 일이 있습니까? 천사가 견딜 수 없는 것을 견딜 일이 있습니까? 없습니다. 그런 기회조차 잡을 수 없습니다. 오직 이 땅에서 이곳 전쟁터에 사는 인간만이 오직 이러한 특권을 누릴 수 있습니다.

성도 네! 이 땅의 전쟁터에서 사는 인간은 천사는 누릴 수 없는 자유의지 단련의 특권을 누리고 있네요.

성경 천사는 하나님의 성품을 닮는 데 있어 한계가 있음이 명백함을 보았습니다. 천사가 경험할 수 없는 것 한 가지는 그들이 가진 모든 것이 **"그럼에도 불구하고"**가 아닌 존재 자체로서 주어진 것이기 때문입니다. 주어진 성품은 그 깊이에 있어 하나님의 깊은 곳까지 들어가는 데는 한계가 있을 수밖에 없습니다.

그래서, 하나님은 시편에 이렇게 쓰신 것입니다.

저를 천사보다 조금 못하게 하시고 영화와 존귀로 관을 씌우셨나이다 (시편 8편 5절)

이 부분은 히브리서에서는 예수님에 대한 비유로 인용하였습니다.

그를 잠시 동안 천사보다 못하게 하시며 영광과 존귀로 관을 씌우시며 (히브리서 2장 7절)

그러나, 시편은 이 글이 전체 문맥상 예수님을 의미하는지 인간을 의미하는지 명확하지 않습니다. 오히려 중의적 표현으로 보는 것이 타당합니다. 하나님이 처음 계획하시었던 것처럼 사랑을 완성하여 하나님의 성품을 닮은 인간을 하나님은 존귀와 영화로 관 씌우실 것입니다.

천국에서 누가 가장 하나님과 가까이 있겠습니까? 그들은 하나님과 가장 닮은 자들일 것입니다. 이 땅에서 우리가 경건의 연습을 충실히 하여 하나님의 성품을 깊이 각인한다면 우리는 더욱더 하나님과 가까이 동행할 것입니다.

그렇다면, 하나님의 성품으로 닮아가는 과정은 이 땅에서의 경건의 훈련으로 끝일까요?

지성 무슨 말씀이신지요? 혹시 죽어 천국에 가서도 경건의 훈련을 한다는 의미인가요?

성경 물론 죄와 싸우는 경건의 훈련은 천국에서 필요 없습니다. 그러나, 우리는 천국에서 계속해서 하나님을 계속 닮아갈 것입니다.

주는 영이시니 주의 영이 계신 곳에는 자유가 있느니라 우리가 다 수건을 벗은 얼굴로 거울을 보는 것 같이 **주의 영광을 보매 그와 같은 형상으로 변화하여 영광에서 영광에 이르니** 곧 주의 영으로 말미암음이니라 (고린도후서 3장 17절 ~ 18절)

바울은 하나님의 영광을 보게 되면, 하나님을 더욱 닮아 간다고 하고 있기 때문입니다. 우리는 천국에서 하나님의 영광을 보게 될 것이고 점점 하나님의 모습을 닮아갈 것입니다.

지성 천국에서 하나님의 영광을 봄으로써 하나님의 영광을 닮아간다면 이 땅에서 굳이 고생할 필요가 있습니까?

성경 물론 있습니다. 천사가 누릴 수 없는 고난을 통해 배우고 단련되는 것이 있고 하나님의 얼굴을 봄으로써 배워 가는 것이 있습니다. 루시퍼는 하나님의 얼굴을 가장 가까이서 본 자입니다. 그런데, 그는 이것이 오히려 교만의 올무가 되었습니다. 루시퍼는 하나님의 얼굴을 보고도 교만에 빠져 타락하지 않았습니까? 단련된 자유의지로 하나님의 얼굴을 본다면 타락하지 않고 더욱 하나님의 성품을 닮아 갈 것입니다.

15.

하나님의 구속의 계획은
인류에게 얼마나 큰 축복인가?

성경 하나님의 구속 가운데 세우신 원대한 계획에는 이외에도 또 다른 거대한 목적이 있습니다. 그것은 많은 영혼을 구원하고자 하는 하나님의 계획입니다.

이러므로 하나님이 그를 지극히 높여 모든 이름 위에 뛰어난 이름을 주사 하늘에 있는 자들과 땅에 있는 자들과 땅 아래에 있는 자들로 모든 무릎을 예수의 이름에 꿇게 하시고 모든 입으로 예수 그리스도를 주라 시인하여 하나님 아버지께 영광을 돌리게 하셨느니라 (빌립보서 2장 9절 ~ 11절)

사탄이 지은 범죄와 아담이 지은 범죄는 본질적인 차이가 있습니다.

그러므로 내가 너희에게 이르노니 사람에 대한 모든 죄와 모독은 사하심을 얻되 성령을 모독하는 것은 사하심을 얻지 못하겠고 또 누구든지 말로 인자를 거역하면 사하심을 얻되 누구든지 말로 성령을 거역하면 이 세상과 오는 세상에서도 사하심을 얻지 못하리라 (마태복음 12장 31절 ~ 32절)

예수님은 예수님을 모독하고 죄를 짓는 것은 사함을 얻되 성령을 거역하면 이 세상에서도 오는 세상에서도 사함을 얻지 못한다고 하셨습니다. 우리는 육체에 속해 있어 성령을 보지 못합니다. 그래서, 성령께서 어떻게 일하고 계신지 알지 못합니다. 그래서, 예수님께 짓는 죄와 모독은 예수님을 믿지 못하기 때문에 저지르는 범죄입니다. 그러나, 눈에 보이지 않는 성령께 저지르는 범죄는 명백하게 하나님이 행하신 일임을 알고 저지르는 범죄가 되는 것이죠.

여자들이 갈 때 경비병 중 몇이 성에 들어가 모든 된 일을 대제사장들에게 알리니 그들이 장로들과 함께 모여 의논하고 군인들에게 돈을 많이 주며 이르되 너희는 말하기를 그의 제자들이 밤에 와서 우리가 잘 때에 그를 도둑질하여 갔다 하라 (마태복음 28장 11절 ~ 13절)

이 말씀을 보세요! 예수님의 부활을 알게 된 대제사장들의 반응을 보세요! 놀랍지 않은가요? 소경이 눈을 뜨고, 죽은 자가 살아나도 예수님을 인정하지 않던 대제사장들은 예수님이 무덤에서 부활하셨다는 소식을 대제사장들에게 알리니 회개하지 않고 오히려 거짓으로 진실을 덮으려고 합니다. 명백하게 예수님이 하나님의 아들임을 나타내는 증거를 보고도 오히려 하나님의 일을 훼방하고 있는 것입니다. 이 일이 명백한 성령훼방죄라고 단정할 수는 없지만 성령훼방죄에 매우 가깝다고 볼 수 있습니다.

지성 어떻게 이럴 수가 있나요? 예수님의 부활을 알게 된 정도면 회개해야지 대제사장들은 완전히 양심을 팔아먹었네요.

성경 사탄과 그의 수하 마귀들은 어떠한가요? 그들은 명백히 하나님을 알고 하나님을 대적하고 반역했습니다. 이생에서도 다음 생에서도 용서받을 수 없는 성령훼방죄를 저지른 것입니다. 사람이 사람에게 대적하면 하나님께서 그의 죄를 깨닫게 하시어서 회개에 이르게 하겠지만 하나님을 대적하면 누가 그 죄를 깨닫게 할 수 있겠습니까?

사람이 사람에게 범죄하면 하나님이 심판하시려니와 만일 사람이 여호와께 범죄하면 누가 그를 위하여 간구하겠느냐 하되 그들이 자기 아버지의 말을 듣지 아니하였으니 이는 여호와께서 그들을 죽이기로 뜻하셨음이더라 (사무엘상 1장 25절)

그러나, 아담의 범죄는 다릅니다. 내적 무지로 인해 거짓말에 속아 자신이 부족하다는 두려움이 왔고 이 두려움이 하나님을 불신하게 만들었습니다. 회개할 수 있는 범죄인 것이죠. 아담을 통해 온 인류를 회개가 가능한 범죄에 가둔 것입니다. 그리고, 영적 세계에 둔감한 육체에 인간을 가둠으로써 성령훼방죄로부터 인간을 매우 멀리 두신 것이죠.

이것이, 사람을 천사보다 조금 못하게 지으신 이유고, 선악과를 동산 중앙에 두신 이유고, 사탄의 유혹을 허락하신 이유인 것입니다.

깊도다 하나님의 지혜와 지식의 풍성함이여, 그의 판단은 헤아리지 못할 것이며 그의 길은 찾지 못할 것이로다 누가 주의 마음을 알았느냐 누가 그의 모사가 되었느냐 (로마서 11장 33절 ~ 34절)

하나님의 지혜가 참으로 놀랍지 않은가요? 깨달을수록 그 비밀한 신비가 크지 않은가요? 이쯤에서, 다시 한번 로마서 11장 32절을 보시죠!

하나님이 모든 사람을 순종하지 아니하는 가운데 가두어 두심은 모든 사람에게 긍휼을 베풀려 하심이로다 (로마서 11장 32절)

성도 하나님의 은밀히 행하시는 일은 정말 크고 놀라운 것 같아요.

성경 이로 보건대, 선악과도 육체에 속한 인간도, 마귀의 시험도 모두 하나님의 크고 비밀 된 계획 안에서 인간에게 큰 자비를 베푸시려는 놀라운 구속의 역사인 것입니다.

그래서, 하나님께서는 인간을 죄와 싸우는 전쟁터로 보내셔야 했어요. 그리고, 죄의 결과의 참혹함을 배우게 하시고 마음 깊은 곳에서부터 죄를 싫어하게 하셔야 했어요. 그리고, 하나님의 능력 없이는 죄를 이길 수 없고 오직 은혜로 말미암아 죄를 이기고 순종함으로 살 수 있음을 배우게 하셔야 했어요. 그 과정에서 하나님의 성품인 공의와 사랑을 배우게 하셔야 했어요. 그리고, 이 전쟁터에서 끊임없는 자유의지의 선택의 상황에서 하나님을 선택하고, 하나님의 말씀에 순종하는 선택을 하는 훈련을 하게 하셔야 했습니다.

이 모든 과정에서 볼 때, 이 땅에서 일어나는 모든 사건은 우리에게 영적 훈련의 장소인 것이죠. 그러나, 이 훈련을 받을 기회를 갖지 못했거나 실패한 자들이 가는 곳인 지옥은 그 자체로 하나님의 사랑이 가장 극단적이고 극적으로 나타난 장소라고 볼 수 있어요. 하나님의 사랑은 인간의 고통을 바라볼 수 없으나, 하나님을 떠나 죄를 선택한 결과의 참혹함을 심령 깊이 새기기에는 지옥보다 더 확실한 곳은 없을 것이니 말입니다.

지성 지옥에서 회개가 가능하다면 지옥에 가는 어떤 사람이 회개를 선택하지 않을까요? 제 생각에는 지옥에 간 순간 바로 회개할 것 같은데요.

성경 안타깝지만, 인간의 완악함은 지옥에서도 여전히 회개하지 않을 수 있게 합니다. 물론 모두가 예수를 주라 시인하고 회개했다고 할 것입니다. 그러나, 하나님께서는 사람의 중심을 보실 수 있는 분입니다. 사람은 속일 수 있어도 하나님은 속일 수 없습니다.

여호와께서 사무엘에게 이르시되 그의 용모와 키를 보지 말라 내가 이미 그를 버렸노라 내가 보는 것은 사람과 같지 아니하니 사람은 외모를 보거니와 나 여호와는 중심을 보느니라 하시더라 (사무엘상 16장 7절)

마태복음 25장과 요한계시록 20장의 백보좌 심판을 보면, 둘째 부활한 자들 중에서 유황불못에 가는 자들이 많이 있다는 것을 볼 수 있죠. 회개하지 않는 자가 있다는 겁니다.

또 왼편에 있는 자들에게 이르시되 저주를 받은 자들아 나를 떠나 마귀와

그 사자들을 위하여 예비된 영원한 불에 들어가라 (마태복음 25장 41절)

또 내가 보니 죽은 자들이 큰 자나 작은 자나 그 보좌 앞에 서 있는데 책들
이 펴 있고 또 다른 책이 펴졌으니 곧 생명책이라 죽은 자들이 자기 행위
를 따라 책들에 기록된 대로 심판을 받으니 바다가 그 가운데에서 죽은 자
들을 내주고 또 사망과 음부도 그 가운데에서 죽은 자들을 내주매 각 사람
이 자기의 행위대로 심판을 받고 사망과 음부도 불못에 던져지니 이것은
둘째 사망 곧 불못이라 (요한계시록 20장 12절 ~ 14절)

이 땅에서의 회개와 믿음은 무엇인가요? 지옥에서의 회개는 죄의
결과인 심판의 고통으로부터 출발한 필사적인 구원에 대한 갈망이
그 시작입니다. 그러나, 이 땅에서의 회개는 자신의 죄성에 대한 참
된 각성과 이를 통한 거룩에 대한 갈망으로부터 출발합니다. 심판
에 대한 공포로부터 출발한 회개가 아니라 거룩에 대한 추구가 회
개의 동기인 것입니다. 이 회개를 통해 대속자이시며 죄의 문제를
해결해 주실 예수님을 믿는 믿음을 하나님께서 얼마나 기쁘게 여기
시며, 가치 있게 여기겠습니까?

예수께서 가라사대 너는 나를 본 고로 믿느냐 보지 못하고 믿는 자들은 복
되도다 하시니라 (요한복음 20장 29절)

지옥에서의 회개 역시 출발은 죄의 결과인 심판의 고통으로부터 출
발한 필사적인 구원에 대한 갈망일지라도 이 땅에서의 회개와 같이
자신의 죄에 대한 참된 각성과 이를 통한 거룩에 대한 갈망으로 나

아가야 합니다. 부자가 이 땅에 있는 형제들의 완악함을 걱정한 것처럼 말이죠.

지성 음! 그러니까 지옥에서 예수님의 존재를 알고 구원자로 믿는 것 만으로는 구원에 이를 수 없다는 의미이네요? "내가 너무 큰 죄를 하나님 앞에 지었으므로 이 지옥에 떨어지는 것은 당연하다. 하나님이 은총을 베푸셔서 한 번만 더 기회를 주신다면 평생 하나님과 이웃을 사랑하면서 살겠다." 이러한 마음을 가져야 한다는 것이네요.

성경 네! 그것도 입술로만 아니고 마음으로요.

성도 그럼, 만유구원론에서 성경 말씀을 들어서 모든 사람이 구원을 받는다고 하잖아요? 이 말씀에 대해서도 반박이 가능해야 하지 않을까요?

성경 해당 말씀을 다시 한번 볼까요?

내가 땅에서 들리면 **모든 사람**을 내게로 이끌겠노라 하시니 (요한복음 12장 32절)

하늘에 있는 자들과 땅에 있는 자들과 **땅 아래에 있는 자들**로 모든 무릎을 예수의 이름에 꿇게 하시고 모든 입으로 예수 그리스도를 주라 시인하여 하나님 아버지께 영광을 돌리게 하셨느니라 (빌립보서 2장 10절 ~ 11절)

아담 안에서 모든 사람이 죽은 것 같이 그리스도 안에서 모든 사람이 삶을 얻으리라 (고린도전서 15장 22절 ~ 24절)

이렇게 세 가지의 말씀을 만유구원론을 지지하는 가장 강력한 말씀이라고 했죠. 하나씩 살펴보도록 해요.

내가 땅에서 들리면 **모든 사람**을 내게로 이끌겠노라 하시니 (요한복음 12장 32절)

우리는 지옥에서의 회개 및 백보좌 심판에서 구원이 가능하다는 것을 말함으로써 모든 사람에게 구원의 기회가 있을 거라고 했죠. 예수님은 모든 사람을 예수님께로 이끌겠지만 예수님께서 주신 구원의 기회를 받아들이는 것은 각자의 자유의지의 몫입니다. 이 말씀은 모든 사람을 구원한다는 말이 아닌 모든 사람에게 구원의 기회를 준다는 말로 볼 수 있는 거죠.

하늘에 있는 자들과 땅에 있는 자들과 **땅 아래에 있는 자들**로 모든 무릎을 예수의 이름에 꿇게 하시고 모든 입으로 예수 그리스도를 주라 시인하여 하나님 아버지께 영광을 돌리게 하셨느니라 (빌립보서 2장 10절 ~ 11절)

우리는 땅 아래 지옥에 있는 자들이 참된 회개를 했든지 안 했든지 상관없이 백보좌 심판대에서 예수님을 주라고 부르는 것을 보았어요.

또 왼편에 있는 자들에게 이르시되 저주를 받은 자들아 나를 떠나 마귀와 그 사자들을 위하여 예비된 영원한 불에 들어가라 내가 주릴 때에 너희가 먹을 것을 주지 아니하였고 목마를 때에 마시게 하지 아니하였고 나그네 되었을 때에 영접하지 아니하였고 헐벗었을 때에 옷 입히지 아니하였고 병들었을 때와 옥에 갇혔을 때에 돌보지 아니하였느니라 하시니 그들도 대답하여 이르되 **주여** 우리가 어느 때에 주께서 주리신 것이나 목마르신 것이나 나그네 되신 것이나 헐벗으신 것이나 병드신 것이나 옥에 갇히신 것을 보고 공양하지 아니하더이까 (마태복음 25장 41절 ~ 44절)

왜일까요? 구원의 기회가 찾아왔기 때문이죠. 백보좌 심판은 그들에게 구원의 기회였던 거예요. 그러므로, 이 말씀은 백보좌 심판대에서 성취된 것이죠. 만일 만유구원론의 관점에서 보면 이 구절은 어떻게 되죠? 한 사람도 유황불못에 가는 사람이 없게 되죠. 그럼 이 심판의 말씀이 부정되는 거네요.

아담 안에서 모든 사람이 죽은 것 같이 **그리스도 안에서 모든 사람이 삶을 얻으리라** (고린도전서 15장 22절 ~ 24절)

"모든 사람이 삶"을 얻는데 어떠한 모든 사람이 삶을 얻나요? "그리스도 안에서"입니다. 삶을 얻는 것도 여전히 예수님을 영접하는 경우만 가능한 겁니다. 모든 사람에게 구원의 기회는 가겠지만 영접하는 것은 각각의 자유의지의 몫이죠.

성도 자유의지의 관점에서 보니, 만유구원론과 관련된 말씀들도 모든 사람에게 구원의 기회가 가지만 회개한 자들만 구원받는다는 말씀으로 해석이 되네요.

성경 성경은 통합적으로 봐야겠지요. 구원의 기회가 대부분의 인류에게 배제되는 선택적 구원이 만유구원론과 관련된 말씀에 의해 해석상의 장벽에 부딪힌 것처럼 만유구원론 역시 이중심판과 영벌의 말씀을 통해 해석상의 장벽에 부딪히게 되거든요. 모든 사람에게 구원의 기회가 있지만 자유의지로 인해 회개한 자들만 구원받는다는 해석은 성경의 모든 구절을 통합적으로 설명할 수 있죠.

성도 네 통합적 관점 그리고, 무엇보다 하나님의 성품으로 성경을 봐야겠네요.

성경 인도의 성자 썬다싱이라는 분이 있어요. 13세기 성 프란시스처럼 위대한 20세기의 성자로 여겨지시는 분인데요, 그분의 글을 소개하는 것으로 지옥 구원과 관련한 토론은 마무리하는 것으로 할게요. 저도 많이 공감하거든요.

나는 하나님의 사랑은 심지어 지옥에서라도 작동한다고 늘 들어왔다. 하나님은 그분의 빛을 가득히 비추진 않는다. 거기 있는 자들이 견디지 못하기 때문이다. 그러나 조금씩 더 많은 빛을 보여 주시며 때때로 이끄셔서 그들의 양심을 뭔가 좀 더 나은 쪽으로 움직이신다. 비록 그들은 생각하기를 갈망은 전적으로 자기 것이라고 생각하지만.

그래서 하나님은 그들의 마음속으로부터 일한다. 이것은 비록 반대방향이긴 하나 사탄이 지상에서 우리를 유혹하는 방법과도 동일한 방식이다. 그래서 하나님의 내적인 역사와 빛의 외적인 역사와 함께 지옥에 있는 대다수가 궁극적으로 그리스도의 발 앞으로 나오게 된다.

이것이 수천만 년 걸릴지 모르나, 성취될 때는 그들이 기쁨으로 가득 찰 것이고 하나님께 감사하게 될 것이다. 비록 그렇더라도 그들은 땅에서 그리스도를 영접한 사람들보다는 덜 행복할 테지만.

지옥은 아울러 하나의 훈련학교이고, 본향을 향한 준비 장소다. 지옥에 있는 사람들은 그들이 거기서 고통받기에 그곳이 자기의 본향이 아님을 안다. 사람들은 지옥을 위해 창조되지 않았고 따라서 그것을 즐기지 않으며, 그곳에 있게 되면 천국으로 탈출하기를 갈망한다.

그들은 그렇게 하더라도 천국은 지옥보다 더욱 걸맞지 않음을 알고는 되돌아온다. 하지만 이것은 자신들의 삶에 뭔가 잘못됐음을 확인시켜 주므로 그들은 점차 회개로 이끌리게 된다. 적어도 이것은 대다수의 경우가 그렇다. (사두 썬다싱専 3, 그의 宗敎的 체험 四. 地獄界, 1972년, 김홍수 역)

16.

새 하늘과 새 땅은 누가 가며
천년왕국은 왜 필요한가?

성도 선생님, 새 하늘과 새 땅은 천국에 있는 모든 자들이 가는 곳으로 알고 있는데 맞나요? 혹시 다른 부분이 있으면 말씀해 주세요.

성경 네, 새 하늘과 새 땅에는 누가 들어가는지 좀 더 자세히 살펴볼까요? 우리는 천국은 믿음으로 가는 곳으로 알고 있으며, 성경도 분명히 그것을 말하고 있죠.

너희가 그 은혜를 인하여 믿음으로 말미암아 구원을 얻었나니 이것이 너희에게서 난 것이 아니요 하나님의 선물이라 (에베소서 2장 8절)

믿음으로 말미암아 구원에 이르므로 죽기 직전 회개한 강도 역시 자신의 죄를 고백하고 예수님을 자신의 주로 받아들임으로써 단번에 구원을 받았습니다. 참된 믿음은 구원에 이르게 합니다. 그러면, 모든 신자들이 궁극적으로 가는 곳인 새 하늘과 새 땅은 어떻게 들어가게 될까요? 믿음만으로 갈 수 있는 곳일까요? 놀랍게도 성경은 명백하게 말하고 있어요. "**이기는 자**"가 가는 곳이라고.

요한계시록에서 예수님은 사도요한에게 나타나셔서 7교회에 보낼 말씀을 주십니다. 이때, 항상 마치는 말은 "이기는 자"에게 구원의 축복을 주실 것을 말씀하십니다.

귀 있는 자는 성령이 교회들에게 하시는 말씀을 들을지어다 **이기는 그에게는** 내가 하나님의 낙원에 있는 생명나무의 열매를 주어 먹게 하리라 (요한계시록 2장 7절)

귀 있는 자는 성령이 교회들에게 하시는 말씀을 들을지어다 **이기는 자는** 둘째 사망의 해를 받지 아니하리라 (요한계시록 2장 11절)

귀 있는 자는 성령이 교회들에게 하시는 말씀을 들을지어다 이기는 그에게는 내가 감추었던 만나를 주고 또 흰 돌을 줄 터인데 그 돌 위에 새 이름을 기록한 것이 있나니 받는 자 밖에는 그 이름을 알 사람이 없느니라 (요한계시록 2장 17절)

이기는 자와 끝까지 내 일을 지키는 그에게 만국을 다스리는 권세를 주리니 (요한계시록 2장 26절)

이기는 자는 이와 같이 흰 옷을 입을 것이요 내가 그 이름을 생명책에서 결코 지우지 아니하고 그 이름을 내 아버지 앞과 그의 천사들 앞에서 시인하리라 (요한계시록 3장 5절)

이기는 자는 내 하나님 성전에 기둥이 되게 하리니 그가 결코 다시 나가지 아니하리라 내가 하나님의 이름과 하나님의 성 곧 하늘에서 내 하나님께

로부터 내려오는 새 예루살렘의 이름과 나의 새 이름을 그이 위에 기록하리라 (요한계시록 3장 12절)

이기는 그에게는 내가 내 보좌에 함께 앉게 하여 주기를 내가 이기고 아버지 보좌에 함께 앉은 것과 같이 하리라 (요한계시록 3장21절)

그리고, 계시록 21장에 새 하늘과 새 땅을 상속받은 자들을 분명하게 말하고 있습니다. "이기는 자만이 새 하늘과 새 땅에 들어간다."

또 내가 새 하늘과 새 땅을 보니 처음 하늘과 처음 땅이 없어졌고 바다도 다시 있지 않더라 또 내가 보매 거룩한 성 새 예루살렘이 하나님께로부터 하늘에서 내려오니 그 예비한 것이 신부가 남편을 위하여 단장한 것 같더라 내가 들으니 보좌에서 큰 음성이 나서 가로되 보라 하나님의 장막이 사람들과 함께 있으매 하나님이 저희와 함께 거하시리니 저희는 하나님의 백성이 되고 하나님은 친히 저희와 함께 계셔서 모든 눈물을 그 눈에서 씻기시매 다시 사망이 없고 애통하는 것이나 곡하는 것이나 아픈 것이 다시 있지 아니하리니 처음 것들이 다 지나갔음이러라

보좌에 앉으신 이가 가라사대 보라 내가 만물을 새롭게 하노라 하시고 또 가라사대 이 말은 신실하고 참되니 기록하라 하시고 또 내게 말씀하시되 이루었도다 나는 알파와 오메가요 처음과 나중이라 내가 생명수 샘물로 목마른 자에게 값 없이 주리니 **이기는 자는 이것들을 유업으로 얻으리라** 나는 저의 하나님이 되고 그는 내 아들이 되리라 (요한계시록 21장 1절 7절)

그렇다면, 어떠한 자가 이기는 자일까요? 그리고, 이것은 믿음으로

구원받는다는 말씀과는 어떠한 관계가 있는 것일까요?

사실 일부를 제외하고 구원받은 성도는 모두 이기는 자입니다. 왜
냐하면, 끊임없는 자유의지의 선택 가운데 죄의 유혹과 핍박과 싸
우고 있기 때문입니다. 그런데, 구원받은 성도가 이기는 자라면, 구
원받은 성도가 누구인지 알아야 합니다.

좁은 문으로 들어가라 멸망으로 인도하는 문은 크고 그 길이 넓어 그리로
들어가는 자가 많고 생명으로 인도하는 문은 좁고 길이 협착하여 찾는 자
가 적음이라 (마태복음 7장 13절 ~ 14절)

예수님을 단순히 구원자로서 믿기만 하면 구원에 이를 수 있다면
이런 말씀을 하시지 않았을 것입니다. 구원자로서 믿기만 하는 것,
얼마나 크고 넓은 문입니까? 우리의 행위와 상관없이 무조건 구원
을 얻는 천국행 티켓이 아닌가요?

지성 참된 믿음은 하나님을 임금으로 모시고 사는 삶의 태도를 가지고
있는 믿음이다. 이 말씀하셨는데 그거 말씀하시는 거 맞죠?

성경 네, 맞습니다. 예수님께서는 좁은 문으로 들어가라고 하셨어요. 믿
음에 무엇인가 더 있어야 한다는 것입니다. 하나님이 이 땅에서 자
유의지를 단련하셔서 천국에서도 안전한 영혼으로 거하게 하시려
는 것이 목적이라면 우리의 자유의지는 죄를 멀리하고 하나님의 성
품을 좇아야 할 것입니다. 그 삶에서 거룩을 향한 갈망도 없고 죄를
지었을 때 애통함으로 하나님께 나오는 것도 없고 습관적으로 죄를

지으면서 버림받을 것을 두려워하지 않고 살고 있다면, 그러한 사람은 지옥행 티켓을 확실하게 보유한 사람입니다. 자신은 예수님의 대속을 믿기 때문에 반드시 천국에 갈 것이라고 확신하겠지만 반드시 지옥으로 갈 것입니다.

그러나, 예수님을 구원자로서만 믿지 않고 삶의 주인으로 받아들여 삶에서 죄와 끊임없이 투쟁하고 사랑의 사람이 되고자 전진하고 자신의 모습에 애통해하고 있다면 그 사람은 구원에 이른 사람입니다. 죄와 싸워 승리한 사람은 물론 명백하게 천국에 가는 이기는 자이지만 때로 이기기도 하고 때로 넘어지기도 했지만 전쟁터에 남아 있는 사람을 하나님이 외면하지 않고 이기는 자로 여겨 주실 것입니다.

상한 갈대를 꺾지 아니하며 꺼져가는 등불을 끄지 아니하고 진실로 정의를 시행할 것이며 (이사야 42장 3절)

하나님은 우리의 연약함을 아시는 분이며, 우리가 하나님께 소망을 두고 있는 한 결코 버리지 않으시는 하나님이기 때문입니다.

이러한 하나님의 성품으로 인해 십자가상의 회개한 강도도 구원하셨고 이기는 자로 간주해 주셨습니다. 그러나, 분명히 알아야 합니다. 강도를 이기는 자로 간주해 주신 것이지 강도는 이기는 자는 아닙니다.

성도 강도는 이기는 자가 아닙니까?

성경 네! 이기는 자는 무엇인가요? 죄와 싸우고 핍박과 싸워 승리한 자들입니다. 전쟁터에 있던 자들에게는 승리의 경험이 있으므로 천국에 갔을 때 단련된 자유의지를 가지게 될 것입니다. 그래서, 이기는 자에 포함될 수 있습니다. 그러나, 강도는 죄와도 핍박과도 싸운 적이 없습니다. 오히려 죄와 그로 인한 심판 때문에 자신을 돌아보게 되고 회개의 기회를 가지게 된 자이죠. 그래서, 하나님께서는 또 다른 길을 예비하셔야 했습니다.

자유의지의 단련 없이 은혜로 구원에 이른 자들에는 누가 있을까? 강도와 같이 죽음 직전에 회개한 자들과 죄와 싸울 기회를 가지지 못한 어린아이들입니다.

지성 어! 이 말씀은 어린아이로 죽은 자들은 천국에 있다는 말씀 같은데 맞습니까?

성경 어린아이로 죽은 자들은 자신의 의지로 죄를 선택한 적이 없는 자들입니다. 죄로 인해서 지옥에 가는 것인데 어린아이들은 죄가 없으므로 천국으로 가는 것이죠. 물론 이 아이들도 천국에서 예수님의 십자가를 통한 구원의 소식을 듣고 믿음으로 받아들이겠지만 믿음의 시험을 당한 적은 없는 자들이죠. [15]

천국에는 이런 자들이 은혜로 들어갔지만 새 하늘과 새 땅에 들어가려면 반드시 이기는 자가 되어야 합니다. 다시 말하면, 죄와 핍박과 싸워 자유의지의 단련과 승리의 과정을 거쳐야 합니다.

이것 때문에 천년 왕국이 필요한 것입니다. 자유의지의 단련을 거치지 못해 이기는 자가 되지 못한 자들이 있기 때문입니다.

성도 선생님, "죽음 직전에 회개한 자들과 죄와 싸울 기회를 가지지 못한 어린아이들"은 첫째 부활의 대상에 포함되지 않나요? 그렇다면 그

---

15) 심화토론의 5. 살아서 예수님을 영접하지 않고 죽은 자는 모두 지옥에 가는가?의 아기 참조

들에게는 둘째 사망이 권세가 없다고 하지 않았나요?

이 첫째 부활에 참여하는 자들은 복이 있고 거룩하도다 **둘째 사망**이 그들을 다스리는 권세가 없고 (요한계시록 20장 6절)
주께서 호령과 천사장의 소리와 하나님의 나팔로 친히 하늘로 좇아 강림하시리니 **그리스도 안에서 죽은 자들이 먼저 일어나고** (데살로니가전서 4장 16절)

그런데, 그들이 왜 자유의지의 단련의 과정 즉, 천년왕국에서 시험의 과정을 거쳐야 합니까?
성경 그런데, 요한계시록 20장 6절에서 첫째 부활에 참여하여 둘째 사망이 그들을 다스리는 권세가 없다고 한 자들이 누구인지 아시나요?

또 내가 보좌들을 보니 거기에 앉은 자들이 있어 심판하는 권세를 받았더라 또 내가 보니 **예수를 증언함과 하나님의 말씀 때문에 목 베임을 당한 자들의 영혼들과 또 짐승과 그의 우상에게 경배하지 아니하고 그들의 이마와 손에 그의 표를 받지 아니한 자들이 살아서** 그리스도와 더불어 천 년 동안 왕노릇 하니 (요한계시록 20장 4절)

그들은 핍박과 환란 가운데 순교와 정절로서 이기는 자임이 증명된 성도들입니다. 다른 말로 하면, 자유의지의 단련의 과정을 통해 하나님을 선택한 자들인 것입니다. 첫째 부활에 참여한 대부분의 성도들은 자유의지의 단련의 과정을 필연적으로 거쳤을 것입니다. 그들에게는 둘째 사망의 권세가 없습니다. 권세가 없음이 무조건적인 보증이 아닙니다. 단련된 자유의지는 교만과 불신으로 인한 범죄의 길을 선택하지 않을 것이기 때문에 둘째 사망이 그들을 다스릴 권세가 없다는 것입니다. 천국에 있는 것이 영생을 보장하는 것이 아닌 성도의 내적 상태가 영생을 보장하는 것과 같은 원리입니다.

성도 그럼, 지옥에 있는 자들은 죄의 유혹과 핍박과 싸울 일이 없으니, 이기는 자가 될 수 없는 것 아닙니까?

성경 그들에게는 지옥에서의 길고 긴 인내의 시간이 바로 승리의 시간될 겁니다. 그들이 참된 회개를 하고 오랜 시간 동안 그 회개의 마음을 지킨다면 지옥에서 죄의 유혹과 핍박은 없고 죄에 대한 형벌만 있더라도 이기는 자가 되는 거죠. 이 세상에서도 오랜 변화 없는 시간 동안 성도가 믿음을 지키는 것이 얼마나 힘든 일인 줄 알잖아요.

지성 선생님 천년왕국에는 누가 들어가나요?

성경 요한계시록 말씀을 한번 볼까요?

볼지어다 그가 구름을 타고 오시리라 각 사람의 눈이 그를 보겠고 그를 찌른 자들도 볼 것이요 땅에 있는 모든 족속이 그로 말미암아 애곡하리니 그러하리라 아멘 (요한계시록 1장 7절)

예수님께서 재림하실 때 땅에 있는 모든 족속이 그로 말미암아 애곡하리라고 하고 있습니다. 그렇다면 이 애곡하는 자들은 누구일까요? 예수님의 재림 시 부활하지 않고 땅에 남아 있는 자들이 분명합니다. 그런데, 땅에 남아 있는 모든 족속이 애곡하리라고 하였습니다. 이 애곡은 어떤 애곡일까요? 단순한 후회의 애곡일까요? 회개의 애곡일까요? 이 말씀은 스가랴서의 말씀을 인용하여 말씀하신 것인데요, 이 말씀의 의미를 정확히 이해하려면 스가랴서를 봐야 정확히 알 수 있습니다.

내가 다윗의 집과 예루살렘 주민에게 **은총과 간구하는 심령을 부어 주리니** 그들이 그 찌른 바 그를 바라보고 그를 위하여 애통하기를 **독자를 위하여 애통하듯** 하며 그를 위하여 통곡하기를 **장자를 위하여 통곡하듯** 하리로다 (스가랴 12장 10절)

독자를 위하여 애통하고 장자를 위하여 통곡한다고 하였으니 이 장자는 예수님이 분명합니다. 그리고 이 "은총과 간구하는 심령을 부어 주리니"로 보아 대대적인 회개가 분명합니다. 따라서, 예수님의 재림 시 대대적인 회개가 모든 족속에게 있을 것입니다. 이들은 자유의지의 단련의 기회를 가진 이기는 자들일까요? 아닙니다. 이들역시 이기는 자들이 아닙니다. 예수님의 재림 시 땅에 남아 천년왕국에 들어간 자들은 이기는 자들이 아닙니다. 은혜로 구원을 받은 자들입니다.

보라 내가 새 하늘과 새 땅을 창조하나니 이전 것은 기억되거나 마음에 생각나지 아니할 것이라 너희는 나의 창조하는 것을 인하여 영원히 기뻐하며 즐거워할지니라 보라 내가 예루살렘으로 즐거움을 창조하며 그 백성으로 기쁨을 삼고 내가 예루살렘을 즐거워하며 나의 백성을 기뻐하리니 우는 소리와 부르짖는 소리가 그 가운데서 다시는 들리지 아니할 것이며 거기는 날 수가 많지 못하여 죽는 유아와 수한이 차지 못한 노인이 다시는 없을 것이라

곧 백세에 죽는 자가 아이겠고 백세 못 되어 죽는 자는 저주 받은 것이리라 그들이 **가옥을 건축하고 그것에 거하겠고 포도원을 재배하고 열매를 먹을 것이며** 그들의 건축한데 타인이 거하지 아니할 것이며 그들의 재배한 것을 타인이 먹지 아니하리니 이는 **내 백성의 수한이 나무의 수한과 같겠고** 나의 택한 자가 그 손으로 일한 것을 길이 누릴 것임이며 그들의 수고가 헛되지 않겠고 그들의 생산한 것이 재난에 걸리지 아니하리니 그들은 여호와의 복된 자의 자손이요 **그 소생도 그들과 함께 될 것임이라** (이사야 65장 17절 ~ 23절)

상기 말씀은 천년왕국과 새 하늘과 새 땅이 함께 있는 이중예언의 말씀입니다. 왜냐하면, 새 하늘과 새 땅에는 새 예루살렘이 있고 우는 소리가 없고 죽음이 없을 것이기 때문입니다.

그러나, 천년왕국에서는 죽는 자도 있고 가옥을 건축하는 일도 있고 자녀를 낳는 일도 있습니다. 이곳의 백성은 이기는 자가 아닌 은혜로 구원받은 자이고, 이들은 회개하여 천년왕국에 들어왔으나, 자유의지의 단련의 과정을 거치고 죄로 말미암을 사망도 있게 될 것입니다. 이곳에서는 순교한 성도들이 부활하여 예수님과 함께 천년 동안 왕노릇 할 것입니다.

또 내가 보좌들을 보니 거기 앉은 자들이 있어 심판하는 권세를 받았더라

또 내가 보니 예수의 증거와 하나님의 말씀을 인하여 목 베임을 받은 자의 영혼들과 또 짐승과 그의 우상에게 경배하지도 아니하고 이마와 손에 그의 표를 받지도 아니한 자들이 살아서 그리스도로 더불어 천년 동안 왕노릇 하니 (요한계시록 20장 4절)

그러나, 대환란을 부활없이 땅에 남겨져 통과한 자들과 십자가의 강도와 같이 은혜로 구원받은 자들과 은혜로 구원받은 어린아이들이 이곳에서 이기는 자의 시험을 거쳐야 할 것입니다. 자유의지의 단련의 과정을 거쳐야 새 하늘과 새 땅에 들어갈 수 있기 때문입니다.

보세요! 천년왕국 이후에도 사탄에게 미혹되어 배도가 일어나고 있음을…….

천 년이 차매 사탄이 그 옥에서 놓여 나와서 땅의 사방 백성 곧 곡과 마곡을 미혹하고 모아 싸움을 붙이리니 그 수가 바다의 모래 같으리라 (요한계시록 20장 7절)

이로써 하나님의 모든 구속사역은 완성되고 모든 인류 중 어느 누구도 구원의 기회를 가지지 못한 자는 없을 것이며, 그 선택 역시 자유의지로 인한 선택의 결과에 따라 영생과 영벌이 갈라질 것입니다.

또 내게 말씀하시되 **이루었도다** 나는 알파와 오메가요 처음과 마지막이라 내가 생명수 샘물을 목마른 자에게 값없이 주리니 (요한계시록 21장 6절)

교회와 세상을 향한 소리

1.

이 땅의 성도를 향한
하나님의 당부

    하나님께서는 왜 백보좌 심판 때 심판대에 선 자들에게 "사랑을 하였느냐?"고 물으셨을까? 그것은 사랑의 사람이 될 때 단련된 자유의지에 필요한 모든 것을 소유하게 되어 타락하지 않고 하나님 안에 거하는 넉넉한 구원을 얻게 되기 때문이다.

    예수님께서는 온 율법과 선지자의 강령 즉 성경에서 가장 중요한 계명이 무엇인가라는 율법학자의 질문에 다음과 같이 대답하셨다.

예수께서 가라사대 네 마음을 다하고 목숨을 다하고 뜻을 다하여 주 너의 하나님을 사랑하라 하셨으니 이것이 크고 첫째 되는 계명이요 둘째는 그와 같으니 네 이웃을 네 몸과 같이 사랑하라 하셨으니 (마태복음 22장 37절 ~ 39절)

고린도전서 13장에서 "사랑은 자랑하지 아니하며 교만하지 아니하며"

라고 했다. 사랑은 그 관심이 자신을 향하지 않고 다른 사람을 향한다. 루시퍼는 자신을 바라봤다. 자신의 지위와 능력과 권세를 바라봤다. 그리고, 자랑의 마음과 교만이 마음이 들어왔다. 그가 하나님을 사랑했다면 자신을 바라보지 않고 오직 하나님께만 마음을 두었을 것이다. 루시퍼가 예수님께서 주신 첫째 계명인 하나님을 사랑하는 자였다면 반역의 범죄는 저지르지 않았을 것이다.

하와도 사탄의 거짓말에 속아 마음에 불안감이 들어왔다. 그리고, 자신이 부족하다고 느꼈고 이것을 채우기 위해 선악과를 먹었다. 자신을 완전한 창조물로 지으신 하나님을 신뢰하지 못했기 때문이다. 고린도전서 13장은 무엇이라고 하는가? 사랑은 "바라고 믿고 참아내며"라고 말하고 있다. 절망의 상황에서도 사랑하는 대상을 믿는 것이다. 하와가 하나님을 사랑했다면 하나님을 신뢰했을 것이고 선악과를 먹기 전에 사탄의 유혹의 말에 대해 하나님께서 어떻게 말씀하실지 묻고 답변을 기다렸을 것이다. 둘째 계명에서, 하나님께서는 네 이웃을 네 몸같이 사랑하라고 하셨다. 네 이웃을 사랑하려면 자신을 사랑해야 한다. 자신을 사랑한다는 것은 무엇인가? 자신이 하나님께서 지으신 소중하고 가치 있는 피조물이라는 것을 받아들이는 것이다. 어떠한 상황에서도 자신을 향한 하나님의 사랑을 신뢰하는 것이다.

고린도전서 13장에서 "무례히 행하지 아니하며 자기의 유익을 구하지 아니하며"라고 했다. 타락한 천사들은 아름다운 여인들을 섬김과 보호의 대상으로 보기보다는 자신들의 욕심을 채워 줄 수단으로 봤다. 그래서, 그 여인들이 자신들과 관계를 가짐으로써 생기기 될 그들이 당할 아픔은 그들의 심령에서 고려 대상이 되지 않았다. 이들은 예수님이 주신 둘째 계명인 내 이웃을 네 몸같이 사랑하라. 즉 이웃 사랑의 말씀을 실행하지 못한 것이다.

단련된 자유의지!! 결국 이것은 무엇을 말하는가? 하나님께서 말씀하시는 것은 이것이다.

사랑의 사람이 되어라.

예수님께서 최후의 만찬에서 제자들에게 두려운 말씀을 하신다.

"너희 중 하나가 나를 팔리라"

예수께서 이 말씀을 하시고 심령이 괴로워 증언하여 이르시되 내가 진실로 진실로 너희에게 이르노니 너희 중 하나가 나를 팔리라 하시니 **제자들이 서로 보며 누구에게 대하여 말씀하시는지 의심하더라 예수의 제자 중 하나 곧 그가 사랑하시는 자가 예수의 품에 의지하여 누웠는지라** 시몬 베드로가 **머릿짓을 하여 말하되 말씀하신 자가 누구인지 말하라** 하니 그가 예수의 가슴에 그대로 의지하여 말하되 주여 누구니이까 (요한복음 13장 21절 ~ 25절)

이때 제자들의 반응이 어떠한가? 제자들은 누구에게 말씀하시는지 의

심하며 서로를 쳐다봤다. 베드로는 머리를 흔들며 누구인지 말하라며 재촉했다. 이 행동에서 그들의 속마음을 보자.

"설마 나!! 아니야!! 나는 아닐 거야! 내가 예수님을 배신할 리가 없어!! 다른 제자일거야!! 누구지?"

그들의 심령은 요동치기 시작했고 서로를 의심했다.

그런데, 이러한 상황에서도 마음이 평안한 단 한 명의 제자가 있다. 주의 품에 의지한 자가 있었다. 사도 요한이다. 그에게는 아무런 두려움도 염려도 찾아볼 수 없다. **"주여 누구니이까"** 물을 때도 그는 여전히 예수의 품에 의지하고 있다.

예수님이 대제사장들에게 잡힐 때, 제자들 모두가 도망갔다.

예수께서 대답하시되 너희에게 내가 그니라 하였으니 나를 찾거든 이 사람들이 가는 것은 용납하라 하시니 이는 아버지께서 내게 주신 자 중에서 하나도 잃지 아니하였사옵나이다 하신 말씀을 응하게 하려 함이러라 (요한복음 18장 8절 ~ 9절)

모든 제자가 예수님 곁을 떠났지만 한 명은 남아 있었다. 그는 바로 요한이다. 그는 대제사장들에게 심문을 당할 때도 예수님 곁을 지켰고, 예수님이 십자가에 못 박히신 골고다 동산에서도 예수님과 함께 있었다.

제자 중에서 누가 크냐 하는 변론이 일어나니 (누가복음 9장 46절)

제자들은 예수님을 왜 좇았을까? 물론 진리의 말씀을 듣기 위해서 좇았을 것이다. 그러나, 그들의 마음은 그렇게 순수하지는 않았다. 그들은 메시아로서 예수님을 좇았다. 십자가에 못 박히실 예수님은 상상도 못하면서 하나님 왕국이 임하면 자신은 어디에 앉을까를 상상하며 다투던 자들이다. 예수님이 무기력하게 제사장들에게 잡혀가실 때 예수님을 이 땅에서의 하나님 왕국의 왕으로 상상하며 좇았던 제자들은 모두 예수님 곁을 떠났다. 그러나, 예수님 품에 의지하여 예수님을 사랑했던 제자 요한은 예수님 곁에 남았다. 예수님을 성공의 대상으로 여겼던 자들은 모두 떠났지만 예수님을 사랑했던 자는 남아 있었다.

시몬 베드로와 **또 다른 제자(요한)** 한 사람이 예수를 따르니 이 제자는 대제사장과 아는 사람이라 예수와 함께 대제사장의 집 뜰에 들어가고 (요한복음 18잘 15절)

예수의 십자가 **곁에는 그 어머니와 이모와 글로바의 아내 마리아와 막달라 마리아가 섰는지라 예수께서 자기의 어머니와 사랑하시는 제자(요한)**가 곁에 서 있는 것을 보시고 자기 어머니께 말씀하시되 여자여 보소서 아들이니이다 하시고 (요한복음 19장 25절 ~ 26절)

그리고, 예수님의 곁을 끝까지 지킨 자들이 또 있다. 예수님을 낳은 예수님 어머니 마리아와 이모, 예수님께 향유 옥합을 부은 막달라 마리아,

그리고, 다른 마리아!!! 이들은 예수님을 아무 조건 없이 진심으로 사랑한 자들이다. 예수님으로부터 아무 것도 기대할 수 없는 절망적 상황이 되었어도 예수님을 좇으면 잡혀갈지도 모르는 상황도 이들에게는 문제가 되지 않았다.

이쯤에서 우리 자신들에게 한번 질문해 보자!
나는 왜 예수님을 믿는가?
구원받아 천국 가기 위해서 믿는가? 마음의 평안을 얻기 위해서 믿는가? 문제해결을 위해서 믿는가? 성공하기 위해서 믿는가? 치유받기 위해서 믿는가?

이 모든 것이 예수님을 믿는 동기가 될 수는 있다. 그러나, 이 동기에만 머물러 있으면 안전하지 못하다. 루시퍼와 반역한 천사들, 범죄한 천사들, 아담과 이브, 예수님을 따르던 제자들 이들 모두에게 무엇이 부족했는지 보지 않았는가?

하나님을 힘써 알아야 한다. 능력과 권세의 하나님을 알 뿐 아니라 더욱더 하나님의 마음을 알아야 한다. 그리고, 그 아는 과정을 통해 더욱더 하나님을 사랑하게 되어야 한다. 이 길만이 가장 안전한 구원의 길이다.

그들이 조반 먹은 후에 예수께서 시몬 베드로에게 이르시되 요한의 아들 시몬아 네가 이 사람들보다 나를 더 사랑하느냐 하시니 이르되 주님 그러하나이다 내가 주님을 사랑하는 줄 주님께서 아시나이다 이르시되 내 어린 양을 먹이라 하시고 또 두 번째 이르시되 요한의 아들 시몬아 네가 나를 사랑하느냐 하시니 이르되 주님 그러하나이다 내가 주님을 사랑하는 줄 주님께서 아시나이다 이르시되 내 양을 치라 하시고 세 번째 이르시되 요한의 아들 시몬아 네가 나를 사랑하느냐 하시니 주께서 세 번째 네가 나를 사랑하느냐 하시므로 베드로가 근심하여 이르되 주님 모든 것을 아시오매 내가 주님을 사랑하는 줄을 주님께서 아시나이다 예수께서 이르시되 내 양을 먹이라 (요한복음 19장 25절 ~ 27절)

많은 사람들이 사랑하고 복음성가로도 불리는 이 구절은 사실 많은 사람들이 잘못 이해하고 있는 대표적인 구절이다. 왜냐하면, 한글 성경에서의 "사랑"이라는 단어는 원어인 헬라어에서는 그 의미가 많이 다르기 때문이다. 예수님은 첫 번째와 두 번째 베드로에게 "네가 나를 사랑하느냐?"고 물어볼 때는 어머니의 자식에 대한 사랑, 일방적이고 헌신적인 사랑의 단어인 "아가페"를 쓰셨다. 마지막, 예수님께서 베드로에게 "네가 나를 사랑하느냐?"고 물어보실 때는 친구간의 사랑인 "필레오"를 쓰셨다. 그리고, 베드로는 처음부터 끝까지 "필레오"로 대답했다.

사실 베드로의 입장에서는 너무나도 당연한 대답이다. 예수님께서 이 질문을 하시기 전에 베드로에게 일어났던 일을 살펴보자.

그 때에 예수께서 제자들에게 이르시되 오늘 밤에 너희가 다 나를 버리리라 기록된 바 내가 목자를 치리니 양의 떼가 흩어지리라 하였느니라 그러나 내가 살아난 후에 너희보다 먼저 갈릴리로 가리라 **베드로가 대답하여**

이르되 모두 주를 버릴지라도 나는 결코 버리지 않겠나이다 (마태복음 26

장 31절 ~ 33절)

예수님이 제사장들에게 잡히시기 전에 제자들에게 너희가 다 나를 버

리리라고 하실 때, 베드로는 "다른 제자는 다 버릴지라도 나는 결코 떠나

지 않겠습니다. 나는 다른 제자와는 다릅니다."라고 호언장담했다.

조금 후에 곁에 섰던 사람들이 나아와 베드로에게 이르되 너도 진실로 그

도당이라 네 말소리가 너를 표명한다 하거늘 그가 **저주하며 맹세하여 이르**

되 나는 그 사람을 알지 못하노라 하니 곧 닭이 울더라 (마태복음 26장 73

절 ~ 74절)

그런데, 베드로는 예수님께서 제사장들에게 붙잡히시자 두려움에 떨

며, 세 번이나 예수님을 부인하게 된다.

예수님께서 갈릴리 호수가에 베드로를 만나러 오셨다. 그때, 예수님과

베드로 사이에서는 어떠한 내면의 대화가 있었을까? 성경구절을 가지고

베드로와 예수님 간에 마음으로 대화한 내용을 표현해 보고자 한다.

예수님께서 물으신다. "베드로야! 네가 정말 다른 모든 제자들보다도

나를 더 사랑하느냐?"

베드로가 대답한다. "전에는 제가 그 누구보다도 더 예수님을 사랑한

다고 생각했습니다. 그러나, 보시지 않았습니까? 당신이 고난에 처하시

자 도망간 저 베드로를요. 저는 사랑한다는 말은 이제 못합니다. 제가

예수님을 좋아하는지 좋아하지 않는지 저는 모릅니다. 예수님만 아십니다."

예수님께서 대답하신다. "아니다. 베드로야! 너는 나를 사랑한다. 네가 누구보다도 더 날 사랑하는지 비교할 필요 없단다. 내가 너를 알면 된다. 네게 맡겨 주는 어린 양은 사랑으로 돌보아야 한다. 나를 사랑하듯이 어린 양을 사랑하렴!"

예수님께서 다시 물으신다. "베드로야! 네가 나를 사랑하느냐?"

베드로가 대답한다. "당신이 고난에 처하시자 도망간 저 베드로에게 왜 다시 물으십니까? 저는 사랑한다는 말은 감히 못하겠습니다. 제가 예수님을 좋아하는지 좋아하지 않는지 저는 모릅니다. 예수님만 아십니다."

예수님께서 대답하신다. "아니다. 베드로야! 너는 나를 사랑한다. 그러나, 그 사랑도 너의 힘으로 할 수 있는 것이 아니란다. 내가 네게 사랑할 수 있는 힘을 줄 테니, 내게 성령을 구하라! 네게 맡겨 주는 양은 사랑으로 돌보아야 한다. 나를 사랑하듯이 어린 양을 사랑하렴!"

예수님께서 다시 물으신다. "베드로야! 네가 나를 좋아는 하지?"

베드로가 대답한다. "당신이 고난에 처하시자 도망간 저 베드로에게 왜 다시 물으십니까? 저는 사랑한다는 말은 감히 못하겠습니다. 제가 예수님을 좋아하는지 좋아하지 않는지 저는 모릅니다. 예수님만 아십니다."

예수님께서 대답하신다. "아니다. 베드로야! 너는 나를 사랑한다. 사랑은 네가 나를 좋아하는 것으로부터 시작하면 된다. 십자가를 통해 내가 너를 얼마나 사랑하는지 이제 알았으니 너는 나를 더 사랑하게 될 것이다. 네게 맡겨 주는 양은 사랑으로 돌보아야 한다. 나를 사랑하듯이 어린 양을 사랑하렴!"

이 말씀은 베드로에게 한 말씀이지만 또한 우리 모두에게 하시는 말씀이다. 네가 나를 무엇 때문에 믿게 되었는지는 상관없다. 너의 삶 중에 얼마나 많은 실패와 좌절이 있었더라도 상관없다. 그 과정에서 나를 배우고 알아 가고 나와 사랑의 관계를 맺고 성장해 가면 된다. 그리고, 그 사랑으로 네 주변의 다른 사람들도 돌봐 주어라!

2.

내가 책을 쓴 이유

지금까지 성경을 통해 하나님의 구속의 비밀에 대해 깨닫게 해 주신 것들을 세상에 드러내는 것에는 염려스러운 부분이 있었다.

지옥에서도 구원의 기회가 있다는 것을 하나님께서 의도적으로 숨기신 것은 아닐까? 그 비밀을 깨달았다고 하면서 세상에 내놓는 것을 하나님께서 과연 기뻐하실까?

앞에서도 언급하였지만 성경을 자세히 연구하지 않으면 한번 지옥에 들어가면 끝이며, 영원히 지옥의 고통을 받는다고 느껴지는 여러 구절들이 있다.

반대로 지옥에서도 영혼의 구원이 있다고 해석할 만할 여러 구절들도 있다.

그럼, 왜 하나님께서 이렇게 성경을 자세히 연구하지 않으면 서로 모순되는 듯한 성경구절들을 기록하게 하셨을까? 우리는 하나님을 아버지라고 부른다. 그리고, 하나님은 우리를 낳아 주신 부모님보다 더 인간을 사랑하시고 인간을 잘 아신다. 우리가 어린아이에게 칼을 줄 수 있는가? 어떠한 부모라도 어린아이가 칼을 들고 있으면 바로 빼앗을 것이다. 그 어린아이는 칼이 얼마나 위험한지 모르고 다룰 줄도 모르므로 자신에게 위험한 행동을 할 수 있다는 것을 부모는 알기 때문이다. 그 어린아이가 어릴 때는 칼을 빼앗은 부모를 원망하겠지만 성장하면서 그 칼이 얼마나 위험한 것인 줄 알게 되면 칼을 빼앗은 부모의 사랑을 더 깨닫게 될 것이다.

선악을 알게 하는 나무의 실과는 먹지 말라 네가 먹는 날에는 **정녕 죽으리라** 하시니라 (창세기 1장 17절)

하나님께서는 아담에게 선악과를 먹으면 반드시 죽을 것이라고 말씀하셨다. 이 말씀을 들었을 때 아담은 어떤 의미로 들었을까? "선악과를 먹으면 너는 즉시 죽는다." 이렇게 말씀하셨다고 이해하지 않았을까?

그런데, 아담이 하와와 함께 선악과를 먹고 나서 즉시 죽었는가? 아니다. 에덴 동산에서 쫓겨났고 930년을 살았다.

그가 구백삼십 세를 향수하고 죽었더라 (창세기 5장 5절)

그리고, 아담과 이브가 다시 살 기회를 예수님의 대속을 통해 주셨다. 예수님의 대속이 아담 이후부터 백보좌 심판 시점까지의 모든 자들을 위한 것이므로 아담과 이브에게도 자유의지로 선택할 기회가 갔을 것이다.

어린아이에게서 칼을 빼앗은 부모의 마음이 어린아이를 위험에서 지키기 위한 것과 마찬가지로 "영적으로 분리되리라."라고 말씀하시지 않고 영적 죽음의 의미가 숨어 있는 "죽으리라."고 말씀하신 것은 그만큼 강하게 위험을 알리고자 했던 아버지의 마음일 것이다.

> 만일 네 손이 너를 범죄케 하거든 찍어버리라 불구자로 영생에 들어가는 것이 두 손을 가지고 지옥 **꺼지지 않는 불**에 들어가는 것보다 나으니라 (마가복음 9장 43절)

이 말씀에 대해 지옥에서 꺼지지 않는 불의 영원성을 의미하며 지옥에서의 고통의 영원성을 의미한다고는 볼 수 없다고 말하였다. 그런데, 이 말씀을 읽으면 자연스럽게 "영원히 지옥 불에서 고통을 당하겠구나!" 하고 느껴지지 않겠는가? 하나님은 결코 지옥에 가지 말라고 강하게 경고하고 싶으셨고 이에 따라 영원한 지옥 고통이라고 인식되기를 원하셨을지도 모른다. 아담에게 "반드시 죽으리라."고 말씀하셨던 것과 마찬가지로 말이다. 마찬가지로, 지옥에서의 구원이라는 하나님의 숨은 계획이 칼이라면 이 칼은 미성숙하고 세상을 사랑하는 자에게는 자신의 영혼을 죽이는 칼이 될 수 있을 것이다.

그런데, 하나님은 거짓말을 하실 수 없는 분이다. 따라서, 진실을 은밀하게 말씀하시면서도 자신의 사랑으로 인한 자신의 뜻을 말씀을 통해 사람들에게 각인되도록 하신 것으로 보인다.

그래서, 하나님의 구속의 비밀을 세상에 드러내는 것이 하나님께서 기뻐하실 일인가 더욱 생각하지 않을 수 없었다. 하나님은 불신자로 죽으면 영원히 지옥에 간다고 사람들이 알기를 원하는데 나는 그것에 반하는 행위를 하는 것은 아닌가 염려하지 않을 수 없었다.

하나님께서 불신자로 죽으면 영원히 지옥에 간다고 사람들이 알기를 원하신다고 생각하는 데는 그 이유가 있다.

첫째, 지옥에서도 구원의 기회가 있다고 한다면 인간의 완악함으로 인해 경건으로의 삶을 추구하는 데 게을러지지 않을까 하는 염려 때문이다. 죽기 전에 회개하고 예수님 믿겠다는 간교한 마음을 먹는 것이 인간인데 지옥에서도 기회가 있다고 하면 더욱 경건에 게을러지지 않겠는가?

둘째, 전도에 대한 갈망이 식을까 염려해서다. 불신자로 죽으면 예수님께서 직접 전도하신다는데 전도할 필요가 있을까? 신자들이 이런 마음을 품고 전도에 게을러지지 않을까 염려해서이다.

이미 언급한 것처럼, 바울과 베드로와 같은 사도들은 이미 지옥에서의 구원의 가능성을 알고 있어 서신을 통해 언급했다고 볼 수 있다. 그리고, 초대 교회 시대의 권위 있는 교부들도 보편적인 구원에 관해 이미 언급하고 있었다. 그러나, 중세시대, 현대에 이르기까지 지옥에서의 구원의 기회는 숨겨진 말씀처럼 되어 버렸다. 왜일까? 하나님께서 인간의 완악함으로 인해 지옥에서의 구원에 대한 말씀이 숨겨지는 것을 허락하신 것은 아닐까? 그런데, 중세시대와 현대는 그 시대를 사는 사람들이 많이 다르다는 것을 깨달으면서 이 글의 필요성을 느끼게 됐다.

중세시대 사람들은 기본적으로 신에 대한 믿음이 있었다. 어떠한 신을 믿느냐의 문제였지 신을 부정하는 자는 아무도 없었다. 따라서, 그들에게는 누가 진짜 신인지를 아는 것이 가장 중요한 문제였다. 그들은 진짜 신인 것이 받아들여진다면 믿고 따를 준비가 되어 있었다. 그래서, 전도자들의 목적은 하나님을 증거하고 그들에게 어떻게 살아야 하는지를 가르치는 것이었다. 그 시대를 살았던 사람들에게 영원한 지옥은 경건을 위한 경고와 전도에 대한 갈망을 위해 유용한 수단이었을지 모른다.

현대인들은 어떠한가? 18세기 계몽주의와 산업혁명이 유럽을 휩쓸었다. 이것은 현대를 살아가는 사람들의 사고체계와 삶에 큰 영향을 미쳤다. 이성과 과학에 근거한 합리성을 추구하고 신에 대해서도 그 잣대를 들이민다.

현대 불신자들은 이렇게 질문한다.

사랑의 하나님이라면서 죄 없는 어린아이, 하나님에 대해서 들어보지도 못한 자, 선하게 살다 죽은 자 등 그 수많은 사람들을 어떻게 지옥에 보낼 수 있는가?

인류 역사상 무신론이 현대와 같이 창궐한 적이 없었다. 과거 인류가 어떠한 신을 믿던 간에 신을 믿었다면 이성과 과학에 기반한 합리성을 추구하는 현대인들에게 신은 재미없는 주제이다. 특별히 물질적으로 과

거 어느 시대보다도 풍요를 누리는 현대에서는 더욱 재미없는 주제일 수밖에 없다. 그런데, 그 신이 사람들이 받아들이기 어려운 자기 모순 덩어리의 신으로 느껴진다면 더욱더 받아들이기 어렵지 않겠는가?

현대 신자들은 어떠한가? 루터를 통한 종교개혁은 다음 말씀이 그 기초가 되었다.

오직 의인은 믿음으로 말미암아 살리라 함과 같으니라 (로마서 1장 17절)

이것은 행위를 통해 구원을 받을 수 없다는 수도사 루터의 깨달음으로부터 시작되어 들불처럼 전세계를 덮었지만 현대를 사는 신자들의 삶에 일부 부정적 영향을 미쳤다. "**오직 믿음**"이 믿기만 하면 구원받을 수 있다는 구원파적인 믿음으로 변질되어 경건을 게을리하고 명목상의 그리스도인들을 양산하였다. 양심 없는 기독교인 정치인, 기업가, 목회자의 소식을 수시로 뉴스를 통해 듣는다. 심지어 기독교가 개독교라는 소리를 듣지 않는가?

이에 현대를 사는 신자와 불신자에게 책을 써야 한다는 필요를 느꼈다.

현대를 사는 이성을 추구하는 불신자에게는 하나님에 대한 오해를 풀어 주고 싶다.
현대를 사는 게으른 신자들에게는 경건의 훈련이 구원의 길임을 알려 주고 싶다.

사실, 이 책은 나 자신에게 가장 큰 경고가 되었으면 한다. 나 자신에게 이 책을 쓸 자격이 있는 자인지 수없이 물어봤다. 나의 삶이 이 책을 쓸 만큼 경건한가? 나의 부족함으로 인해 오히려 하나님의 얼굴을 부끄럽게 만들지는 않을까? 그래도, 이 책을 쓴 것은 하나님의 나라에 유익할 것이라는 믿음 때문이다.

그리고, 지옥에서의 구원으로 인해 경건과 전도에 게을러지려는 마음이 들어오는 그리스도인에게는 이렇게 부탁드리고 싶다.

백보좌 심판 전까지는 수천 년 또는 수천만 년의 알 수 없는 시간을 꺼지지 않는 불꽃 속에서 극심한 고통을 받아야 합니다. 당신이 타오르는 불에서 단 1분만 견딜 수 있다면 지옥을 두려워하지 마십시오. 특별히 타락한 그리스도인은 무저갱에 갇힌 범죄한 천사가 회개하지 못하도록 지속적으로 괴롭힐 것입니다. 당신이 현세에서도 게으름을 선택했는데 지옥에서 회개할 수 있을지 누가 알겠습니까?

지금 경건과 전도를 추구해야 합니다.

음부와 영원과 특별은총

1.

구약의 음부와 신약의 음부는
왜 다른가?

성도 선생님께서 말씀하실 때 구약에서의 음부는 모든 죽은 자들이 가는
곳이나 신약에서의 음부는 지옥이라고 하셨잖아요. 그런데, 구약과
신약에서의 음부가 다른 개념이라고 성경은 증거하고 있나요?

성경 성경에서 구약과 신약에서의 음부가 다른 개념이라고 증거하고 있
는지 살펴볼게요.

구약에서는 음부를 히브리어로 "스올"이라는 단어를 주로 사용하고
신약에서는 헬라어로 "하데스"라는 용어를 사용하고 있어요.

구약에서 음부라고 묘사된 구절들을 살펴볼까요? 먼저, 이사야서
를 볼게요.

네 영화가 **스올(음부)**에 떨어졌음이여 너의 비파 소리까지로다 **구더기가
네 아래 깔림이여 지렁이가 너를 덮었도다** 너 아침의 아들 계명성이여 어
찌 그리 하늘에서 떨어졌으며 너 열국을 엎은 자여 어찌 그리 땅에 찍혔는

고 네가 네 마음에 이르기를 내가 하늘에 올라 하나님의 뭇별 위에 나의
보좌를 높이리라 내가 북극 집회의 산 위에 좌정하리라 가장 높은 구름에
올라 지극히 높은 자와 비기리라 하도다 그러나 이제 네가 **스올(음부) 곧
구덩이의 맨밑**에 빠치우리로다 (이사야 14장 11절 ~ 15절)

이사야서 14장에서 보면 음부(스올)은 루시퍼가 타락하여 떨어진
구덩이로도 묘사되어 있고 구더기와 지렁이가 들끓는 곳으로도 묘
사되어 있어요.

지성 루시퍼라는 말이 없어 보이는데요?

성경 아! 네! "너 아침의 아들 계명성이여" 이 말씀에서 "계명성"이 헬라
어로 루시퍼예요.

지성 영화에서 보면 "루시퍼"가 타락한 천사로 대장 악마로 나오던데 맞
나요?

성경 네! 맞아요! 특히, 서양 공포 영화 중 성경을 배경으로 하는 영화에
종종 나오죠. 루시퍼가 음부(스올)에 떨어진 것은 확인했고 또 누
가 있나 볼까요?

그러므로 스올이 욕심을 크게 내어 한량 없이 그 입을 벌린즉 그들의 호화
로움과 그들의 많은 무리와 그들의 떠드는 것과 그 중에서 즐거워하는 자
가 거기에 빠질 것이라 (이사야 5장 14절)
악인이 음부(스올)로 돌아감이여 하나님을 잊어버린 모든 열방이 그리 하
리로다 (시편 9편 17절)
그들과 그의 모든 재물이 산 채로 스올에 빠지며 땅이 그 위에 덮이니 그

들이 회중 가운데서 망하니라 (민수기 16장 33절)

성경 음부(스올)에 누가 있나요?

지성 음부(스올)는 악인들이 가는 곳으로 묘사되어 있는 것 같아요.

성경 네! 맞아요. 그럼 또, 누가 있는지 볼까요?

그의 모든 자녀가 위로하되 그가 그 위로를 받지 아니하여 이르되 내가 슬
퍼하며 스올로 내려가 아들에게로 가리라 하고 그의 아버지가 그를 위하
여 울었더라 (창세기 37장 35절)

내가 스올이 내 집이 되기를 희망하여 내 침상을 흑암에 펴놓으매 (욥기
17장 13절)

성경 음부(스올)에 누가 있나요?

지성 음부(스올)는 야곱이 간다고 하고 욥도 간다고 하네요?

성경 네! 맞아요. 결론적으로, 구약에서 음부(스올)에는 루시퍼가 떨어
지고, 의인도 있고 악인도 있는 곳이 되는 것이죠! 이번에는 신약의
음부에 대해 살펴볼까요? 신약에서 보면 음부(하데스)로 표현되며,
다음과 같은 구절들이 있어요.

또 내가 네게 이르노니 너는 베드로라 내가 이 반석 위에 내 교회를 세우
리니 음부의 권세가 이기지 못하리라 내가 천국 열쇠를 네게 주리니 네가
땅에서 무엇이든지 매면 하늘에서도 매일 것이요 네가 땅에서 무엇이든지
풀면 하늘에서도 풀리리라 하시고 (마태복음 16장 18절 ~ 19절)

이 구절에서 음부의 권세와 대비되는 단어는 천국열쇠예요. 즉, 천국 열쇠를 주었으므로 음부의 권세 즉, 지옥의 권세가 이기지 못한다는 의미로 해석할 수 있죠. 실제로 킹제임스 버전에서는 "음부의 권세"를 "지옥의 문"으로 번역했어요.

저가 **음부에서 고통 중에** 눈을 들어 멀리 아브라함과 그의 품에 있는 나사로를 보고 불러 가로되 아버지 아브라함이여 나를 긍휼히 여기사 나사로를 보내어 그 손가락 끝에 물을 찍어 내 혀를 서늘하게 하소서 내가 이 불꽃 가운데서 고민 하나이다 (누가복음 16장 23절 ~ 24절)

이 구절에서 부자와 나사로 이야기의 그 음부인데 음부는 고통받는 곳이니 지옥이 분명하죠.

바다가 그 가운데서 죽은 자들을 내어주고 또 사망과 음부도 그 가운데서 죽은 자들을 내어주매 각 사람이 자기의 행위대로 심판을 받고 (요한계시록 20장 13절)

이 구절에서도 백보좌 심판을 받기 위해 죽은 자들을 내어 주는 것이니 이 구절도 음부가 지옥임을 분명하게 말해 주고 있죠.

성도 선생님! 그럼, 왜 구약과 신약에서의 음부의 개념이 바뀌게 된 것인가요?

성경 구약에서의 음부(스올)에는 루시퍼가 떨어지고, 의인도 있고, 악인도 있다는 것을 성경을 통해 확인했어요. 그런데, 음부는 안 좋은 곳인데 의인도 있다는 것은 좀 이해하기 어렵죠? 부자와 나사로 이 야기를 다시 한번 볼까요?

그가 음부에서 고통 중에 눈을 들어 멀리 아브라함과 그의 품에 있는 나사 로를 보고 (누가복음 16장 23절)
그뿐 아니라 너희와 우리 사이에 큰 구렁텅이가 놓여 있어 여기서 너희에 게 건너가고자 하되 갈 수 없고 거기서 우리에게 건너올 수도 없게 하였느 니라 (누가복음 16장 26절)

이 예화는 부자와 나사로에 대한 예화로 예수님께서 십자가에 못 박히시기 전에 말씀하신 예화입니다. 그러니, 이 예화에서 음부는 구약의 음부의 상태를 묘사하고 있다고 볼 수 있겠죠. 그런데, 이 말씀은 신약의 말씀이므로 원어상으로 볼 때, 의인도 있는 구약의 음부를 의미하는 히브리어의 **스올**이라는 용어를 쓰지 않고 헬라어 의 **하데스**라는 용어를 사용하고 있지요. 따라서, 악인인 부자가 있 는 음부(**하데스**)와 아브라함의 품은 별도의 언어로 묘사할 수밖에 없는 것이죠.
부자는 음부(**하데스**)에 있었는데, 아브라함의 품에 있는 나사로를 볼 수 있었고 그곳에는 아브라함의 품인 낙원과 지옥이 큰 구렁텅 이를 사이에 두고 함께 있었던 것을 확인할 수 있어요. 이 말은 아 브라함의 품과 고통의 형벌이 있는 음부(**하데스**)는 넓게 보면 땅 속 의 같은 장소인 **스올**이라고 볼 수 있죠.
그런데, 왜 신약에서 음부는 지옥이 되었을까요? 이 문제는 십자가 사건과 깊은 연관이 있어요. 예수님은 십자가상에서 회개하고 자신에게 자비를 구한 강도에게 오늘 나와 함께 낙원에 있을 것이라고 말씀하셨지요.

예수께서 이르시되 내가 진실로 네게 이르노니 **오늘** 네가 나와 함께 **낙원**에 있으리라 하시니라 (누가복음 23장 43절)

이 말씀은 예수님이 십자가에서 돌아가시자마자 맨 처음 간 곳은 음부(**스올**) 안에 있는 낙원, 즉 아브라함의 품에 갔다는 것이죠. 이곳에 강도도 함께 갔을 것입니다.

성도 "낙원"은 하늘에 있는 천국을 말씀하시는 것 아닌가요? 사도 바울이 "셋째 하늘"에 갔다고 했을 때, 거기를 "낙원"이라고 한 것 같은데요?

내가 그리스도 안에 있는 한 사람을 아노니 그는 십사 년 전에 셋째 하늘에 이끌려 간 자라 (그가 몸 안에 있었는지 몸 밖에 있었는지 나는 모르거니와 하나님은 아시느니라 내가 이런 사람을 아노니 (그가 몸 안에 있었는지 몸 밖에 있었는지 나는 모르거니와 하나님은 아시느니라) 그가 **낙원**으로 이끌려 가서 말로 표현할 수 없는 말을 들었으니 사람이 가히 이르지 못할 말이로다 (고린도후서 12장 2절 ~ 4절)

성경 네! 맞아요. 그런데, 성경에서 "셋째 하늘"만 낙원이라는 단어를 썼을까요? 요한계시록 말씀을 한번 볼까요?

귀 있는 자는 성령이 교회들에게 하시는 말씀을 들을지어다 이기는 그에게는 내가 하나님의 **낙원**에 있는 **생명나무**의 열매를 주어 먹게 하리라 (요한계시록2장 7절)

이 말씀은 예수님이 사도 요한을 통해 일곱 교회에 보내는 편지의 내용인데, 여기서도 "낙원"이 나오네요? 이 낙원은 어디일까요? 요한계시록 21장 ~ 22장은 백보좌 심판 후 새 하늘과 새 땅에 대해서 묘사하고 있죠. 그런데, 새 하늘과 새 땅에 생명나무가 있다고 하고 있어요.

또 내가 **새 하늘과 새 땅**을 보니 처음 하늘과 처음 땅이 없어졌고 바다도 다시 있지 않더라 (요한계시록 21장 1절)
길 가운데로 흐르더라 강 좌우에 **생명나무**가 있어 열두 가지 열매를 맺되 달마다 그 열매를 맺고 그 나무 잎사귀들은 만국을 치료하기 위하여 있더라 (요한계시록 22장 2절)

그런데, 요한계시록 2장에서 "낙원에 있는 생명나무"라고 했으니, 새 하늘과 새 땅도 "낙원"이 되겠네요. 그런데, 새 하늘과 새 땅은 백보좌 심판 후의 하나님의 나라잖아요. 바울이 간 "셋째 하늘"은 아니겠죠. 바울은 이천년 전에 갔으니까요. 그럼, 바울이 간 곳은 어디일까요? 성도가 죽으면 바로 가게 되는 천국이 되겠죠. 결론적으로 "낙원"은 특정한 장소를 말하는 것이 아닌 **성도를 위해 하나님이 예비하신 좋은 곳**"에 대한 보편적인 용어로 이해하는 것이 타당하지 않을까요?

성도 음! 그런 것 같은데요. 왜 예수님은 회개한 강도에게 "아브라함의 품에 있으리라."고 하거나 "천국에 있으리라."고 하지 않고 낙원에 있으리라고 하셨을까요?

성경 첫째로, 예수님이 강도에게 "오늘 나와 함께 천국에 있으리라."고 하실 수 없기 때문이에요. 예수님은 장사한 지 3일 만에 부활하시고, 40일간 지상에 머무시다가 천국으로 가시거든요. 강도에게는 바로 지금 구원의 말씀이 필요한데 3일 후에 또는 43일 후에 천국에 함께 있으리라고 하실 수는 없는 것이죠.

그가 고난 받으신 후에 또한 그들에게 확실한 많은 증거로 친히 살아 계심을 나타내사 사십 일 동안 그들에게 보이시며 하나님 나라의 일을 말씀하시니라 (사도행전 1장 3절)

둘째로, 예수님이 강도에게 "오늘 나와 함께 아브라함의 품에 있으리라."고 말씀하시지 않은 것은 "아브라함의 품"은 지속적으로 예수님과 있을 장소가 되지 않기 때문이에요. "아브라함의 품"은 예수님이 음부의 맨 먼저 가신 곳으로 곧 비어질 곳이거든요.

예수께서 다시 크게 소리지르시고 영혼이 떠나시다 이에 성소 휘장이 위로부터 아래까지 찢어져 둘이 되고 땅이 진동하며 바위가 터지고 무덤들이 열리며 자던 성도의 몸이 많이 일어나되 예수의 부활 후에 저희가 무덤에서 나와서 거룩한 성에 들어가 많은 사람에게 보이니라 (마태복음 27장

50절 ~ 53절)

예수님이 돌아가시자마자 바로 일어난 사건이 휘장이 찢어지고, 무덤이 열리고, 자던 성도의 몸이 많이 일어나는 사건이었어요. 그런데, 살아난 자들이 예수님이 3일째에 부활하시기 전까지는 무덤에 계속 머물러 있었어요. 구약의 성도들이 천국에 갈 수 없고 음부 안에 있는 낙원에 있을 수밖에 없었던 것은 믿음은 있으나, 대속을 받지 못했기 때문입니다. 그런데, 예수님의 십자가 대속이 성취됨으로써 낙원에 있던 성도들은 다시 살아나게 되었지요. 예수님이 십자가에서 돌아가시자마자 맨 처음 가신 곳은 음부의 낙원인 아브라함의 품이라고 보는 것이 타당할 것입니다. 그리하여, 예수님을 영접한 그들은 다시 살아나게 되었지요. 그러나, 예수님은 그들과 함께 바로 부활하지 않고 또 다른 음부인 지옥으로 가셨어요. 그렇기 때문에 음부의 낙원으로부터 먼저 몸으로 살아난 성도들은 예수님께서 부활하시기까지 기다리며 무덤에 머물러 있을 수밖에 없었고 예수님께서 3일 만에 부활하신 후에야 예수님과 늘 동행할 수 있었던 것입니다.

이로 보건대, 구약의 음부는 낙원과 지옥이었으나, 신약의 음부는 지옥만 남게 된 것이죠.

성도 만약에 음부에 아브라함의 품인 낙원이 있었고 그곳에 있던 성도들이 모두 살아나고, 지금은 비어 있다면 성경은 왜 "자던 성도의 몸이 많이 일어나되"라고 말하고 있나요? **"모두 일어나되"**로 표현되어야 하는 것 아닌가요?

성경 자던 성도의 몸은 분명히 구약에서 하나님을 섬기다 죽은 성도를 가리키는 것은 분명하겠죠. 육신적으로 죽은 성도를 자던 성도의 몸이라고 표현한 것은 분명해 보입니다. 그렇다면, 왜 "많이 일어나되"라고 표현되어 있을까요? 이 문제를 접근하기 전에 성경적으로 명백한 것들로부터 접근하여 보도록 하죠.

구약의 성도들이 천국에 없다는 것은 요한복음 말씀을 통해서도 확인할 수 있어요.

하늘에서 내려온 자 곧 인자 외에는 하늘에 올라간 자가 없느니라 (요한복음 3장 13절)

이 말씀은 예수님이 십자가에서 못 박혀 돌아가시기 전 공생애 기간 중에 하신 말씀인데, 구약의 사람들은 누구든지 천국에 온 자가 없다고 말씀하고 계시는 것이죠. 그리고, 구약의 음부인 스올에 아브라함의 품이 있었다는 것은 욥과 다윗과 야곱의 고백을 통해서, 그리고, 부자와 나사로의 예화를 통해서 성경적으로 확인할 수 있습니다.

신약은 죽으면 의인은 천국에 간다는 것을 성경을 통해 명백하게 말하고 있습니다. 예수님이 공생애 때 맨 처음 하신 말씀이 천국복음이었죠.

이 때부터 예수께서 비로소 전파하여 이르시되 회개하라 천국이 가까이 왔느니라 하시더라 (마태복음 4장 17절)

그렇다면 예수님의 대속이 이루어진 후에는 구약시대의 의인이 더 이상 음부에 머물 필요가 없는 것이 당연하겠죠.

성도 네! 그 부분은 동의합니다. 그런데, 여전히 의문이 남아요. 만일 구약의 거의 대부분의 성도가 몸으로 살아났다면 예루살렘만 해도 최소 수천 명에서 수만 명 이상은 될 것 같은데 4복음서나 사도행전에서 그 당시 사람들이 대부분 살아난 성도에 대해 인식하고 있다는 것을 확인할 수 있는 성경말씀이 있어야 하는 것 아닌가요? 그런데, 사도행전에서 부활 문제를 가지고 사두개인과 바리새인이 다투는 모습을 보면 오히려 많은 사람들이 잘 모르는 사건 같거든요.

바울이 그 중 일부는 사두개인이요 다른 일부는 바리새인인 줄 알고 공회에서 외쳐 이르되 여러분 형제들아 나는 바리새인이요 또 바리새인의 아들이라 죽은 자의 소망 곧 부활로 말미암아 내가 심문을 받노라 그 말을 한즉 바리새인과 사두개인 사이에 다툼이 생겨 무리가 나누어지니 **이는 사두개인은 부활도 없고 천사도 없고 영도 없다 하고 바리새인은 다 있다 함이라** (사도행전 23장 6절 ~ 8절)

성경 합리적인 지적입니다. 예수님께서 십자가에서 돌아가시는 순간 대속의 제물로서의 역할은 완성되신 것이지요! 그러므로, 음부의 아브라함의 품에 있는 자들의 대속은 예수님을 통해 완성되어 천국에 갈 수 있는 상태가 됩니다. 이에 근거해서, 대부분의 아브라함의 품에 있던 영혼은 천국으로 바로 갔을 거라고 생각해요. 일부의 성도들만 예수님의 대속의 표적으로서 육신으로도 살아났을 거라고 봐요.

성도 네! 잘 알겠습니다. 선생님! 그래도, 궁금한 것이 하나 더 있습니다. 구약의 성도들은 대속이 이루어지지 않았기 때문에 천국에 있을 수 없고 아브라함의 품에 있었다고 하셨잖아요? 이 의미를 좀 더 구체적으로 설명해 주실 수 있을까요?

성경 구약의 성도들은 예수님의 십자가 대속이 아직 이루어지지 않았기 때문에 대속이 이루어지지 않은 상태에서는 천국에서 하나님을 대면할 수 없거든요. 구약의 성인 중의 성인인 모세조차도 하나님을 직접적으로 대면할 수 없었으니까요.

모세가 이르되 원하건대 주의 영광을 내게 보이소서 여호와께서 이르시되 내가 내 모든 선한 것을 네 앞으로 지나가게 하고 여호와의 이름을 네 앞에 선포하리라 나는 은혜 베풀 자에게 은혜를 베풀고 긍휼히 여길 자에게 긍휼을 베푸느니라 또 이르시되 **네가 내 얼굴을 보지 못하리니 나를 보고 살 자가 없음이니라** 여호와께서 또 이르시기를 보라 내 곁에 한 장소가 있으니 너는 그 반석 위에 서라 내 영광이 지나갈 때에 내가 너를 반석 틈에 두고 내가 지나도록 내 손으로 너를 덮었다가 손을 거두리니 네가 내 등을 볼 것이요 얼굴은 보지 못하리라 (출애굽기 33장 18절 ~ 23절)

모세가 하나님과 대화할 때, 모세는 주의 영광의 광채를 보여 달라고 요청했어요. 그러자, 하나님께서는 이 요청에 응답하셨지요. 그러나, 하나님은 내 얼굴을 보지는 못할 것이라고 하시면서, 내 얼굴을 보면 살아남는 자가 없을 것이기 때문이라고 하십니다. 구약의 모세는 대속을 받지 못했어요. 따라서, 하나님을 대면할 수는 없었던 것입니다. 하나님께서 택하신 구약의 가장 위대한 선지자 모세조차도 대속이 이루어지지 않은 상태에서는 하나님을 대면할 수 없었던 것이죠.

그러나 그들의 마음이 완고하여 오늘까지도 구약을 읽을 때에 그 수건이 벗겨지지 아니하고 있으니 그 수건은 그리스도 안에서 없어질 것이라 오늘까지 모세의 글을 읽을 때에 수건이 그 마음을 덮었도다 그러나 언제든지 주께로 돌아가면 그 수건이 벗겨지리라 주는 영이시니 주의 영이 계신 곳에는 자유가 있느니라 우리가 다 **수건을 벗은 얼굴로 거울을 보는 것 같이 주의 영광을 보매 그와 같은 형상으로 변화하여 영광에서 영광에 이르니** 곧 주의 영으로 말미암음이니라 (고린도후서 3장 14절 ~ 18절)

이 말씀은 그리스도를 영접하여 그리스도의 조명 안에서 말씀을 보면 말씀을 깨달아 자유로워지고 하나님을 닮아간다는 협의적 의미로 이해할 수도 있습니다. 그러나, 예수님의 대속으로 인해 지성소에 들어가게 된 성도는 자유 가운데 주님의 영광 즉, 하나님의 얼굴을 보게 되고 하나님의 얼굴을 볼 때마다 더욱 하나님을 닮아간다는 의미이기도 하지요.

이 증거는 요한계시록에도 있습니다.

장로 중 하나가 응답하여 나에게 이르되 이 흰 옷 입은 자들이 누구며 또 어디서 왔느냐 내가 말하기를 내 주여 당신이 아시나이다 하니 그가 나에게 이르되 이는 큰 환난에서 나오는 자들인데 **어린 양의 피에 그 옷을 씻어 희게 하였느니라** 그러므로 **그들이 하나님의 보좌 앞에 있고** 또 그의 성전에서 밤낮 하나님을 섬기매 보좌에 앉으신 이가 그들 위에 장막을 치시리니 (요한계시록 7장 13절 ~ 15절)

여기서, 장로는 24장로이고 이 장소는 천국입니다. 그러므로, 성도는 고난을 통과하고 대속을 통해 구원받고 죽어 천국에 있는 성도들입니다. 이 말씀에서, 하나님과 성도들 사이에 담이 있나요? 없습니다. 그들은 하나님의 보좌 앞에서 하나님을 대면하고 있는 것을 볼 수 있죠.

이것에 대해 성경은 예수님의 대속이 이루어진 후 "성소의 휘장이 찢겨져"라고 분명하게 말하고 있어요. 성소의 휘장은 구약의 성막 또는 성전에서 하나님이 친히 계셔서 죄가 있는 상태로 결코 들어갈 수 없는 지성소와 죄를 가진 상태에서 대속의 제사를 드리는 성소를 구분하기 위해 세워진 것이기 때문입니다.

결론적으로, 구약에서 어떠한 성도라도 하나님을 대면할 수 없었고 대면할 수 없는 곳에 있어야 했지만 예수님의 대속이 이루어진 지금의 구원받은 성도들은 하나님을 대면할 수 있게 된 것입니다.

저는 바로 이 대속의 문제로 인해 앞에서 "**이로 보건대, 구약의 음부는 낙원과 지옥이었으나, 신약의 음부는 지옥만 남게 된 것이다.**" 라고 말하였던 겁니다.

2.

음부와 무저갱에는
누가 있는가?

성경 성도 씨! 신약의 음부 즉 지옥은 현재 어떤 상태일까요?

성도 최근 많은 지옥을 체험했다고 간증하시는 분들 말씀에 의하면 지옥
은 사탄이 지배하는 곳이고, 사람들이 마귀를 통해 고통을 받는다
고 하더라고요.

지성 지옥은 악마의 왕국 아닌가요? 서양 영화 보면 지옥은 악마가 다스
리던데, 그곳에서 사람들이 고통받고 있고요.

성경 우리는 간증을 무시할 수는 없지만 성경 위에 둘 수 없지요. 교리나
과학이 성경 위에 있을 수 없듯이 간증 역시 성경으로 검증되어야
합니다. 성경은 과연 이러한 간증을 지지하는지 성경에서 사탄에게
지옥을 다스린다는 권세를 준다는 구절이나 혹은 지옥 형벌의 집행
자라는 구절이 있는지 한번 살펴볼까요? 성도 씨 지옥의 지배자가
사탄이라고 할 수 있는 대표적인 성경구절 생각나는 것 있으면 말
씀해 주실래요?

성도 생각 좀 해 보고요…….

아무리 생각해 봐도 사탄이 지옥을 다스린다는 말씀에 대해 생각나는 구절이 없네요. 그런데, 왜 저는 여태껏 지옥은 사탄이 다스린다고 생각해 왔는지 신기하네요.

성경 앞에서 신약의 지옥과 관련한 대부분의 성경구절을 정리하여 기술하였지만 사탄이 지옥의 권세자라는 구절은 찾아볼 수가 없어요. 성경은 사탄을 이렇게 묘사하고 있어요.

그 때에 너희는 그 가운데서 행하여 이 세상 풍조를 따르고 **공중의 권세 잡은 자**를 따랐으니 곧 지금 불순종의 아들들 가운데서 역사하는 영이라 (에베소서 2장 2절)

공중권세 잡은 자라고 묘사하고 있고 지금 불순종의 아들들 가운데 역사하는 영이라고 하고 있습니다. 즉, 지옥의 권세를 가졌다는 구절은 찾아볼 수가 없지만 현재 우리가 살고 있는 세상에서 권세를 가지고 역사한다고 말하고 있는 것이죠. 즉, 사탄에게 지옥에서 형벌받는 자들에 대한 권세가 있다는 구절이 없는 것은 명백하구요 어쩌면 지옥에 없다고 추론할 수도 있을 것 같아요.

곧 산 자라 내가 전에 죽었었노라 볼찌어다 이제 세세토록 살아 있어 **사망과 음부의 열쇠를 가졌노니** (요한계시록 1장 18절)

오히려, 성경은 음부 즉 지옥의 권세인 열쇠는 사탄이 아닌 예수님이 가지고 계시다고 증거하고 있어요. 이것은 사탄의 기원을 살펴봄으로써도 알 수 있어요.

너 아침의 아들 **계명성**이여 어찌 그리 하늘에서 떨어졌으며 너 열국을 엎은 자여 어찌 그리 땅에 찍혔는고 네가 네 마음에 이르기를 내가 하늘에 올라 하나님의 뭇 별 위에 내 자리를 높이리라 내가 북극 집회의 산 위에 앉으리라 가장 높은 구름에 올라가 지극히 높은 이와 같아지리라 하는도다 그러나 이제 네가 스올 곧 구덩이 맨 밑에 떨어짐을 당하리로다 (이사야 14장 12절 ~ 15절)

이사야서 14장의 말씀에서 "계명성"은 헬라어로 "**루시퍼**"로 천국에서의 범죄로 인해 "스올 곧 구덩이의 맨밑"에 떨어졌다고 하고 있어요. 그러나, 스올에 갇혀 있는 상태는 아니었죠. 떨어졌을 뿐입니다. 천사장이었던 루시퍼가 사탄이라는 사실은 예수님 말씀에서 확인할 수 있어요.

사탄이 하늘로부터 번개 같이 떨어지는 것을 내가 보았노라 (누가복음 10장 18절)

이후 천사의 지위를 잃어버리고 용이 된 사탄은 하늘로 올라가 천사의 삼분의 일을 유혹하여 타락시킵니다.

하늘에 또 다른 이적이 보이니 보라 한 큰 붉은 용이 있어 머리가 일곱이요 뿔이 열이라 그 여러 머리에 일곱 왕관이 있는데 **그 꼬리가 하늘의 별 삼분의 일을 끌어다가 땅에 던지더라** 용이 해산하려는 여자 앞에서 그가 해산하면 그 아이를 삼키고자 하더니 (요한계시록 12장 3절 ~ 4절)

성도 천국은 죄가 있으면 있을 수 없는 곳 아닌가요? 그런데 루시퍼가 어떻게 하늘에서 천사들을 유혹할 수 있죠?

성경 「반지의 제왕」이라는 영화를 보면 중간지대라는 곳이 있죠. 천사와 루시퍼가 만날 수 있는 공간이 있는 것으로 보여요. 이 세상에서도 천사와 마귀들이 영적인 공간에서 인간을 사이에 두고 천사는 돕고 마귀는 유혹하고 있잖아요. 천국 이 외의 "하늘" 영역에는 천사와 루시퍼가 접점을 가질 수 있는 공간이 있다고 봐야겠죠.

구약의 이사야 말씀에서 루시퍼는 별인 계명성으로 묘사되어 있지요. 천사를 별로 묘사하는 것은 성경상의 일반적인 묘사입니다. 요한계시록에서 보면 누가 별 삼분의 일을 땅에 던진다고 하고 있나요? 별이 아닌 용입니다. 타락한 천사 즉 사탄이 된 루시퍼가 천사들을 유혹하여 하나님께 범죄하게 하여 땅에 그들이 던져지게 한 것이죠. 이후 떨어진 삼분의 일의 별은 용의 사자가 되고 대환란 중에 천사들과 하늘에서 전쟁을 할 것입니다. 그리고, 그들은 전쟁에서 패하여 하늘에서 땅으로 쫓겨납니다.

하늘에 전쟁이 있으니 미가엘과 그의 사자들이 용과 더불어 싸울새 **용과 그의 사자들**도 싸우나 이기지 못하여 다시 하늘에서 그들이 있을 곳을 얻지 못한지라 큰 용이 내쫓기니 옛 뱀 곧 마귀라고도 하고 사탄이라고도 하며 온 천하를 꾀는 자라 그가 땅으로 내쫓기니 그의 사자들도 그와 함께 내쫓기니라 (요한계시록 12장 7절 ~ 9절)

쫓겨난 용과 용의 사자들은 여자의 남은 자손인 그리스도인을 핍박하게 되지요.

용이 여자에게 분노하여 돌아가서 그 여자의 남은 자손 곧 하나님의 계명을 지키며 예수의 증거를 가진 자들과 더불어 싸우려고 바다 모래 위에 서 있더라 (요한계시록 12장 17절)

이 핍박은 어디서 이루어지고 있나요? 이 땅입니다. 바로 사람들이 사는 세상인 것이죠.

성도 선생님 말씀은 사탄과 타락한 삼분의 일의 천사가 지상에 있다는 것을 말씀하시고 싶으신 것 같은데 받아들이기가 좀 애매하네요.

성경 네! 그럼 요한계시록 9절 말씀을 한번 볼까요?

다섯째 천사가 나팔을 불매 내가 보니 하늘에서 땅에 떨어진 별 하나가 있는데 그가 무저갱의 열쇠를 **받았더라** (요한계시록 9장 1절)

요한계시록 9장에서 "하늘에서 땅에 떨어진 별 하나"는 루시퍼를 말하는 것이 분명합니다. 그런데, 이 말씀에서 "떨어진 별"로 묘사하고 있죠. 즉 이미 떨어져 있는 별이죠. 헬라어에서 "떨어진"은 **펲토**

코타"로 요한이 "내가 보니"의 시점보다 앞선 시점인 완료분사로 표현되어 있으므로 요한은 이미 떨어진 별을 본 것입니다. 무저갱의 열쇠를 받은 것은 떨어진 이후 알 수 없는 특정 시점이라는 것이죠.

그가 무저갱을 여니 그 구멍에서 큰 화덕의 연기 같은 연기가 올라오매 해와 공기가 그 구멍의 연기로 말미암아 어두워지며 또 황충이 연기 가운데로부터 땅 위에 나오매 그들이 땅에 있는 전갈의 권세와 같은 권세를 **받았더라** (요한계시록 9장 2절 ~ 3절)

이 말씀은 요한계시록에서의 대환란 중에 일어나는 재앙에 대한 말씀입니다. 떨어진 별인 사탄이 받은 무저갱의 열쇠로 무저갱을 연후 황충이 전갈의 권세를 받는데, 이때 사용된 동사인 "받았더라"는 무저갱의 열쇠를 "받았더라"와 동일한 시점을 사용하고 있어요. 이로 보건대, 요한은 사탄이 하나님으로부터 무저갱의 열쇠를 받아서 무저갱을 열고 전갈의 권세를 받은 황충이 사람을 괴롭히는 것을 연속적으로 본 것입니다. 결국, 사탄이 무저갱을 열기 위해 대환란의 마지막 때에 임시로 열쇠가 허락된 것임을 알 수 있죠. 즉, 사탄은 처음부터 무저갱의 열쇠가 있었던 것이 아니라는 것이죠. 이것을 통해 사탄은 현재는 무저갱의 열쇠가 없으므로 무저갱에 있을 수 없다는 것을 알 수 있어요. 만일 사탄이 처음부터 무저갱의 열쇠를 가지고 있었다면 사탄 본인뿐 아니라 다른 마귀들도 무저갱과 이 땅을 마음대로 다녔을 것인데 성경은 무저갱에 있는 존재가 누구이며, 이들은 마지막 때를 위해 갇혀 있는 것임을 분명하게 언급하고 있거든요.

하나님이 범죄한 천사들을 용서치 아니하시고 **지옥에 던져 어두운 구덩이**
에 두어 심판때까지 지키게 하셨으며 (베드로후서 2장 4절)

이 말씀에서 보면 하나님께서 "범죄한 천사들을 용서치 아니하시고
지옥에 던져 어두운 구덩이에 두어 심판 때까지 지키게" 하셨다고
하고 있어요. 이 말의 헬라어의 의미를 추적하면 "지옥에 던져 어두
운 구덩이"는 "**타르타로스 조푸**"인데 "**타스타로스**"는 무저갱을 의미
합니다. 그럼, 이 마지막 심판에 붙인다는 의미는 무엇일까요? 이것
은 백보좌 심판을 의미하겠지만 예수님이 경고하신 마지막 때인 대
환란 기간을 의미하는 이중적 예언으로도 볼 수 있어요. 베드로는
심판 때까지 범죄한 천사는 무저갱을 벗어날 수 없다고 분명하게
말하고 있어요. 사탄이 무저갱의 열쇠로 무저갱을 열 때 비로소 범
죄한 천사들이 무저갱을 벗어날 수 있다는 것을 요한계시록 9장 2
절 말씀을 통해 알 수 있는데 사탄이 처음부터 무저갱의 열쇠가 있
었다면 범죄한 천사들이 마지막 때에 열리기까지 갇혀 있게 하지는
않았을 것이기 때문입니다. 이것 또한 사탄에게 무저갱의 열쇠가
현재 없다는 반증이며, 무저갱에 들어갈 수 없다는 의미가 되는 것
이죠.

성도 사탄이 만일 무저갱의 열쇠를 현재 가지고 있다면, 무저갱에 있는
　　　범죄한 천사들이 현재 무저갱에 갇혀 있을 수는 없을 것 같네요. 성
　　　경에서도 사탄에게 음부의 권세가 있다는 구절은 없기도 하고요.

혹시 더 명확한 다른 성경적 증거는 없을까요?

성경 누가복음을 한번 볼까요?

이에 그들이 소리 질러 이르되 하나님의 아들이여 우리가 당신과 무슨 상관이 있나이까 **때가 이르기 전에** 우리를 괴롭게 하려고 여기 오셨나이까 하더니 (누가복음 8장 29절)

상기 말씀은 군대귀신에 들린 거라사인의 광인을 예수님께서 보시고 마귀들을 내쫓으려 하시자 마귀들이 보인 반응입니다. 이 말씀에서 마귀들이 하는 말을 보면, "때가 이르기 전에" 우리를 괴롭게 하려고 오셨냐고 묻고 있어요. 마귀들도 자신들이 심판받을 때가 있음을 알고 있는 것이죠. 그 심판은 무엇일까요? 백보좌 심판 때를 말하는 것일 것이며, 그때는 귀신도 유황불못의 심판을 받게 되겠죠. 귀신들도 현재는 자신들이 이 땅에 있을 수 있는 때라는 것을 알고 있는 것입니다. 그런데, 누가복음의 이후 관련 구절을 계속 볼까요?

무저갱으로 들어가라 하지 마시기를 간구하더니 (누가복음 8장 31절)

무저갱에 들어가지 않게 해 달라고 귀신들이 예수님께 간청하고 있어요. 만일 현재 귀신들이 무저갱에 마음대로 왔다 갔다 할 수 있으면 무저갱에 들어가지 않게 해달라고 간구할 필요가 있을까요? 또한, 마귀들이 단순히 지옥에서 인간들을 괴롭히기만 하고 본인들은 고통받는 곳이 아니라면 무저갱에 들어가지 않게 해 달라고 간구할 필요가 있을까요? 무저갱은 범죄한 천사에게는 형벌을 받는 곳이니 지상에 있는 타락한 삼분의 일의 천사들인 귀신들도 무저갱은 가기 두려운 것입니다.

지성 그러네요! 귀신들도 무저갱에는 가기 싫어하네요. 지옥은 마귀에게도 무서운 곳이군요.

성경 이를 통해, 사탄과 사탄의 유혹에 의해 하나님을 대적했던 천사 삼분의 일은 현재 지상에 있음을 살펴봤어요. 그리고, 범죄한 천사들에 있어 그들은 무저갱에 갇혀 있음도 살펴봤어요. 모든 불신자들은 신약의 음부인 지옥(**하데스**)으로 가는데 그곳에 마귀는 없다고 볼 수 있어요. 결국 형벌은 마귀가 주는 것이 아니며 지옥 그 장소 자체가 마귀와 상관없이 형벌의 장소인 것이죠.

지성 그럼, 불신자들이 가는 지옥에는 마귀가 없고 그 장소 자체가 형벌의 장소라는 것이죠? 그나마, 장소도 고통인데 마귀까지 괴롭히면 미치고 미칠 것 같아요. 그런데 선생님, 그럼 음부와 무저갱은 완전 다른 곳인가요?

성경 신약의 음부인 하데스 안에는 무저갱이 있으며, 그곳에는 범죄한 천사들이 갇혀 있어요. 무저갱이 음부(**하데스**) 안에 있다는 것은 어떻게 알 수 있을까요?

사망과 음부도 불못에 던져지니 이것은 둘째 사망 곧 불못이라 (요한계시록 20장 14절)

사망과 음부도 백보좌 심판 후 불못에 던져집니다. 그런데, 왜 사망과 음부일까요? 스올은 모든 죽은 자들이 가는 곳입니다. 의인이건 악인이건 모두에게 "사망"의 처소인 것이죠. 그런데, 신약에서 성경을 기록하는 데 사용하는 언어인 헬라어에서는 스올이라는 용어를 쓰지 않아요. 하데스라는 용어를 음부로 사용하는데 음부(하데스)는 지옥을 의미하므로 음부가 불못에 빠진다고 하면 구약시대에는 의인이 가는 곳이었고 신약시대에는 아무도 없는 아브라함의 품은 빠지게 되어 공간적으로 스올 전체를 의미할 수 없게 되겠죠. 따라서, 스올 전체를 의미할 수 있도록 "사망과 음부"로 표현한 것으로 보이네요. 동일 관점으로 무저갱이 음부에 포함되어 있지 않다고 한다면 불못에 무저갱은 던져지지 않게 되겠죠. 따라서, 음부 안에 무저갱이 있다고 보는 것이 타당하다고 봅니다. 이것은 예수님께서 로마서 10장 7절 말씀처럼 무저갱까지 내려가신 예수님이 가지신 열쇠가 사망과 음부의 열쇠라는 것만 봐도 음부의 열쇠 안에는 무저갱이 포함되어 있음을 알 수 있죠.

혹은 누가 무저갱에 내려가겠느냐 하지 말라 하니 내려가겠느냐 함은 그리스도를 죽은 자 가운데서 모셔 올리려는 것이라 (로마서 10장 7절)

지성 네! 음부인 하데스 안에 무저갱이 있다는 말씀이죠? 그리고, 사람은 무저갱에 없고 범죄한 천사만 있고요.

성경 꼭, 그렇지만은 않아요. 무저갱 안에는 누가 있는지 살펴볼까요?

하나님이 범죄한 천사들을 용서하지 아니하시고 **지옥에 던져 어두운 구덩이**에 두어 심판 때까지 지키게 하셨으며 (베드로후서 2장 4절)

베드로후서 2장의 이 말씀을 통해 범죄한 천사들이 "지옥에 던져져 어두운 구덩이"에 갇혀 있음을 알 수 있었죠. 이 말씀의 헬라어 원어는 "**타르타로스 조푸**"인데 "**타르타로스**"는 무저갱을 말하는 "**어비스**"의 다른 표현이며 헬라신화에서는 신들이 형벌받는 곳이라고도 하죠. 그리고, "**조푸**"는 "흑암의 결박"을 의미합니다. 결국 이 말씀의 의미는 "흑암의 무저갱"으로 해석될 수 있겠네요. 이 범죄한 천사들이 루시퍼와 함께 하나님을 대적한 삼분의 일의 천사들과는 다른 천사들인 것은 이미 나누었지요. 노아의 홍수 이전에 사람의 여인을 아내로 취하여 네피림이라는 거인을 출생시킨 천사들이죠.[16]

또 자기 지위를 지키지 아니하고 자기 처소를 떠난 천사들을 큰 날의 심판까지 영원한 **결박으로 흑암에** 가두셨으며 (유다서 1장 6절)

범죄한 천사들의 형벌에 대해 언급하고 있는 병행구절인 유다서를 살펴보면 "결박으로 흑암에" 가두었다고 표현하고 있는데 이때 사용된 헬라어는 "**조푸**"입니다. 따라서, "**타르타로스 조푸**"와 "**조푸**"는 같은 장소인 범죄한 천사들이 갇힌 무저갱임을 알 수 있어요. 즉, "**조푸**"를 단독으로 사용해도 무저갱이 되는 것이죠. 그럼, 범죄한 천사들만 무저갱에 있을까요?

---

16) 토론주제 3의 9. 완전히 거룩한 천국에서 죄성이 없는 인간이 범죄할 수 있는가? 참조

이 사람들은 물 없는 샘이요 광풍에 밀려 가는 안개니 그들을 위하여 **캄캄한 어둠이** 예비되어 있나니 (베드로후서 2장 17절)

화 있을진저 이 사람들이여, 가인의 길에 행하였으며 삯을 위하여 발람의 어그러진 길로 몰려 갔으며 고라의 패역을 따라 멸망을 받았도다 자기 수치의 거품을 뿜는 바다의 거친 물결이요 영원히 예비된 **캄캄한 흑암**으로 돌아갈 유리하는 별들이라 (유다서 1장 11절 ~ 13절)

베드로후서 2장 17절의 "**캄캄한 어둠**"과 유다서 1장 13절의 "**캄캄한 흑암**"은 헬라어로 모두 "**조푸**"입니다. 범죄한 천사들이 가는 곳인 무저갱이 "**조푸**" 였으니 같은 장소인 것이죠. 즉, 누군가는 범죄한 천사들과 같은 장소인 무저갱으로 가서 형벌을 받는 것이죠. 따라서, 누가 무저갱으로 가는지 살펴보기 위해서는 유다서와 베드로후서 2장이 누구에 대해서 말하고 있는지 살펴봐야 할 것입니다.

유다서 말씀에서 보면 무저갱으로 갈 자들의 예시를 가인과 발람과 고라로 들었어요. 이들은 누구인가요? 가인과 발람은 하나님과 대화한 자들이며, 고라는 성령을 받은 자입니다. 즉, 하나님의 깊은 은혜에 한때 참여했던 자들이죠. 그런데, 후에 가인은 형제인 아벨을 죽이고, 발람은 돈을 탐하여 이스라엘을 타락시키고, 고라는 이스라엘의 회중에 분열을 일으키죠. 베드로후서에서는 이들을 거짓 선지자 및 거짓교사라고 했고, 자기들을 사신 주 다른 말로는 구원하신 주를 부인하는 자들이라고 했죠.

그러나 백성 가운데 또한 거짓 선지자들이 일어났었나니 이와 같이 너희 중에도 거짓 선생들이 있으리라 그들은 멸망하게 할 이단을 가만히 끌어 들여 자기들을 사신 주를 부인하고 임박한 멸망을 스스로 취하는 자들이 라 (베드로후서 2장 1절)

다시 말해, 무저갱에 들어가서 범죄한 천사들과 함께 있는 자들은 한때 성령을 받고 구원받은 성도였으나 교회를 분열시키고 교회를 타락시키고 성도를 이익의 재료로 삼고 욕정으로 사는 자들을 말하 는 것이죠. 이들이 받는 형벌은 불신자보다 더 큰 것이죠.

의의 도를 안 후에 받은 거룩한 명령을 저버리는 것보다 알지 못하는 것이 도리어 그들에게 나으니라 참된 속담에 이르기를 개가 그 토하였던 것에 돌아가고 돼지가 씻었다가 더러운 구덩이에 도로 누웠다 하는 말이 그들 에게 응하였도다 (베드로후서 2장 21절 ~ 22절)

성도 다시 말하면, 성령을 충만하게 경험한 후 적극적으로 교회를 분열 하고 훼방하고 타락시키는 일을 하면 무저갱으로 간다는 말씀인 거죠?

성경 네! 맞습니다. 그럼, 이 무저갱에서 이들 지옥에 간 크리스천들과 범죄한 천사와는 어떤 관계일까? 범죄한 천사에게 무저갱은 갇혀 있는 형벌의 장소입니다. 그런데, 범죄한 천사에게 무저갱에서 하 나님께서 허락하신 권세가 있어요.

그가 무저갱을 여니 그 구멍에서 **큰 화덕의 연기** 같은 연기가 올라오매 해와 공기가 그 구멍의 연기로 말미암아 어두워지며 또 황충이 연기 가운데로부터 땅 위에 나오매 그들이 땅에 있는 **전갈의 권세와 같은 권세를 받았더라** 그들에게 이르시되 땅의 풀이나 푸른 것이나 각종 수목은 해하지 말고 오직 이마에 하나님의 인침을 받지 아니한 사람들만 해하라 하시더라 그러나 그들을 죽이지는 못하게 하시고 다섯 달 동안 괴롭게만 하게 하시는데 그 괴롭게 함은 전갈이 사람을 쏠 때에 괴롭게 함과 같더라 (요한계시록 9장 2절 ~ 5절)

무저갱에서 "큰 화덕의 연기 같은 연기"가 나온다고 하였으니 무저갱에도 유황불못처럼 뜨거운 화염이 있음이 분명합니다. 또한 무저갱에는 황충 같은 존재가 있어 하나님의 인침받지 않은 자들을 괴롭힐 권세도 있고요.

그들에게 왕이 있으니 무저갱의 사자라 히브리어로는 그 이름이 아바돈이요 헬라어로는 그 이름이 아볼루온이더라 (요한계시록 9장 11절)

그리고, 황충들은 아볼루온을 왕으로 섬기며 그의 말을 따르지요. 아볼루온은 또한 "무저갱의 사자"이며 NIV에서는 "angel of the Abyss"로 표현하고 있어요. 이를 볼 때, 아볼루온은 범죄한 천사이며, 무저갱으로부터 위임받은 권세가 있음을 알 수 있죠.

사실 무저갱에 간 타락한 크리스천들이 범죄한 천사들에게 고통을 받는지 명확하게 성경에는 나와 있지 않아요. 그러나, 그들의 성품과 그들이 무저갱에서 권세를 가지고 있다는 사실을 볼 때, 또, 대환란 때 지상에서 하나님으로부터 허락된 권세 안에서 사람을 괴롭히는 것을 볼 때 무저갱에서 타락한 크리스천들을 하나님의 허락된 권세 안에서 괴롭히고 있을 것이라는 것을 자연스럽게 추론할 수 있죠.

지성 홈! 끔찍하네요! 무저갱 자체도 끔찍한데 거기서 범죄한 천사들에게 고통도 받아야 한다니 정말 끔찍끔찍합니다. 그럼, 예수 믿고 타락하는 것보다 안 믿는 것이 더 나은 것 아닌가요?

성경 뭘 그런 말씀을 하세요. 성령 충만받았던 성도 중에서 교회를 고통스럽게 하는 일부 성도들만 해당하는 거예요. 그리고, 예수님 안 믿으면, 수천 년 후일지 수천만 년 후일지 알 수 없는 백보좌 심판 시점까지는 음부에서 나올 기회가 없는데 가실 건가요?

지성 그렇게는 못 하지요.

성도 선생님! 그럼, 무저갱에 떨어진 자들에게도 회개의 기회가 있을까요?

성경 범죄한 천사들과 타락한 크리스천들이 가는 무저갱에서의 형벌의 영원성에 대해 사용한 용어인 "영원히"의 헬라어 기본형은 **"아이온"**입니다. 즉 백보좌 심판까지의 형벌인 것이죠. 이 말은 무저갱에 빠진 타락한 그리스도인도 성령훼방죄가 아니라면 회개의 기회가 있다는 말이 됩니다.

자기 수치의 거품을 뿜는 바다의 거친 물결이요 **영원히** 예비된 캄캄한 흑암으로 돌아갈 유리하는 별들이라 (유다서 1장 13절)

이러한 해석은 불신자들이 가는 음부뿐만 아니라, 타락한 크리스천들이 가는 무저갱의 영혼들까지 구원하기 위하여 고난을 받으러 가신 예수님의 목적성과도 부합한다고 볼 수 있어요. 무저갱에 구원할 영혼이 있기 때문에 무저갱까지 가셔서 고난받으셨다고 보는 것이 합리적이지 않을까요?

혹은 누가 **무저갱**에 내려가겠느냐 하지 말라 하니 내려가겠느냐 함은 그리스도를 죽은 자 가운데서 모셔 올리려는 것이라 (로마서 10장 7절)

성도 그러나, 이들은 이 세상에서 하나님이 주신 은혜를 버리고 교회를 괴롭힌 자들인 만큼 큰 형벌을 받는 것이고, 무저갱에서 범죄한 천사로부터 괴롭힘까지 당할 것이니 회개의 마음을 지키는 것이 음부에 떨어진 자들보다는 훨씬 어렵겠네요!

성경 네! 그렇겠죠.

성도 선생님! 제가 알기로는 지옥은 헬라어로 "**게헨나**"라는 용어를 성경에서 자주 사용한다고 했는데, 관련 말씀들은 없나요?

성경 네! 맞아요. 여러 곳에서 "**게헨나**"를 지옥과 관련된 말씀으로 사용하는데, 한번 볼까요?

나는 너희에게 이르노니 형제에게 노하는 자마다 심판을 받게 되고 형제를 대하여 라가라 하는 자는 공회에 잡혀가게 되고 미련한 놈이라 하는 자는 지옥 (게헨나) 불에 들어가게 되리라 (마태복음 5장 22절)
만일 네 오른 눈이 너로 실족하게 하거든 빼어 내버리라 네 백체 중 하나

가 없어지고 온 몸이 지옥 (게헨나)에 던져지지 않는 것이 유익하며 (마태복음 5장 29절)

또한 만일 네 오른손이 너로 실족하게 하거든 찍어 내버리라 네 백체 중 하나가 없어지고 온 몸이 지옥 (게헨나)에 던져지지 않는 것이 유익하니라 (마태복음 5장 30절)

만일 네 손이 너를 범죄하게 하거든 찍어버리라 장애인으로 영생에 들어가는 것이 두 손을 가지고 지옥 (게헨나) 곧 꺼지지 않는 불에 들어가는 것보다 나으니라 (마가복음 9장 43절)

만일 네 발이 너를 범죄하게 하거든 찍어버리라 다리 저는 자로 영생에 들어가는 것이 두 발을 가지고 지옥 (게헨나)에 던져지는 것보다 나으니라 (마가복음 9장 45절)

마땅히 두려워할 자를 내가 너희에게 보이리니 곧 죽인 후에 또한 지옥(게헨나)에 던져 넣는 권세 있는 그를 두려워하라 내가 참으로 너희에게 이르노니 그를 두려워하라 (누가복음 12장 5절)

뱀들아 독사의 새끼들아 너희가 어떻게 지옥 (게헨나)의 판결을 피하겠느냐 그러므로 내가 너희에게 선지자들과 지혜 있는 자들과 서기관들을 보내매 너희가 그 중에서 더러는 죽이거나 십자가에 못 박고 그 중에서 더러는 너희 회당에서 채찍질하고 이 동네에서 저 동네로 따라다니며 박해하리라 (마태복음 23장 33절 ~ 34절)

몸은 죽여도 영혼은 능히 죽이지 못하는 자들을 두려워하지 말고 오직 몸과 영혼을 능히 지옥 (게헨나)에 멸하실 수 있는 이를 두려워하라 (마태복음 10장 28절)

성경 씨! "**게헨나**"를 지옥으로 사용한 말씀들을 보면 어떤 특성을 발견할 수 있나요?

성도 죄지으면 지옥 간다. 뭐 이런 것 외에는 잘 모르겠는데요.

성경 네! 당연히 죄를 지으면 지옥에 가는 것이 맞죠. 그런데, 지옥에는 어떠한 것들이 있었죠?

성도 불신자들이 죽으면 가는 음부, 교회를 핍박하는 크리스천이 가는 무저갱, 최후의 심판인 백보좌 심판 때 가는 유황불못이 있었죠.

성경 네! 잘 말씀해 주셨어요. 그런데, 자세히 살펴보편 "**게헨나**"를 사용한 지옥은 이러한 세 가지 특성을 모두 볼 수 있어요.

마땅히 두려워할 자를 내가 너희에게 보이리니 곧 **죽인 후에 또한 지옥** (게헨나)에 던져 넣는 권세 있는 그를 두려워하라 내가 참으로 너희에게 이르노니 그를 두려워하라 (누가복음 12장 5절)

불신자들은 죽은 후 바로 음부로 가지요. 누가복음의 이 지옥과 관련된 말씀은 "죽인 후에 또한 지옥"이라고 하였으니 이 말씀에서 "**게헨나**"는 음부로 보는 것이 맞을 것 같네요.

뱀들아 독사의 새끼들아 너희가 어떻게 지옥 (게헨나)의 판결을 피하겠느냐 그러므로 내가 너희에게 선지자들과 지혜 있는 자들과 서기관들을 보내매 너희가 그 중에서 더러는 죽이거나 십자가에 못 박고 그 중에서 더러는 너희 회당에서 채찍질하고 이 동네에서 저 동네로 따라다니며 박해하리라 (마태복음 23장 33절 ~ 34절)

교회를 핍박한 크리스천은 무저갱으로 간다고 했지요. 상기 말씀은 예수님이 당시 외식하는 서기관과 바리새인들에게 한 말인데 하나님이 보낸 선지자들과 서기관들을 죽이고 박해했다고 하고 있네요. 그러면, 이들은 무저갱으로 가게 되겠네요. 그러면, 이 말씀에서 "**게헨나**"는 무저갱이 되겠네요.

몸은 죽여도 영혼은 능히 죽이지 못하는 자들을 두려워하지 말고 **오직 몸과 영혼을 능히 지옥**(게헨나)**에 멸하실 수 있는 이를 두려워하라** (마태복음 10장 28절)

이 말씀에서 "오직 몸과 영혼을 능히 지옥에 멸하실 수 있는 이를 두려워하라"고 하고 있는데 몸과 영혼이 함께 지옥에 가는 경우는 어느 경우이죠. 백보좌 심판 후 유황불못에 들어갈 때이죠. 그럼, 이 말씀에서 "**게헨나**"는 유황불못이 되겠네요.

성도 음 ~ 그러네요. "**게헨나**"가 다양하게 사용되었네요.

성경 결론적으로, 성경에서 "게헨나"를 사용하는 경우는 특정 장소를 말하는 것이 아닌 "악인이 형벌받기 위해 하나님께서 예비하신 장소"를 통칭한다고 볼 수 있겠네요. 마치, 낙원(헬라어 "**파라데이소스**")이 아브라함의 품, 천국, 새 하늘과 새 땅을 통칭하는 말로 사용된 것처럼 말이죠.

지성 씨! 그럼 구약 및 신약의 음부에 대해 한번 정리해 주실래요?

지성 네! 알겠습니다.

구약은 스올로 아브라함의 품과 음부가 있었고 음부 안에는 범죄한 천사들이 가는 무저갱이 있었다.

신약에는 아브라함의 품은 비었고 불신자들이 가는 음부와 범죄한 천사와 교회를 고통스럽게 하는 크리스천이 가는 무저갱이 있다.

사탄과 하나님을 대적한 삼분의 일의 천사는 공중과 지상에 있다.

범죄한 천사는 무저갱에서 고통도 받지만 일정 부분 사람을 괴롭힐 수 있는 권세도 있어서 타락한 크리스천들을 괴롭히고 있다고 예상할 수 있다.

3.

성경에서 말씀하는
영원의 원어적 의미는 무엇인가?

성도 선생님의 말씀 중에 받아들이기 어려운 부분이 있습니다. 그것은 선생님이 성경에 "영원"으로 표현된 부분을 헬라어 원문을 말씀하시며, "영원"이 아니라고 말씀하신 적이 있는데 솔직히 받아들이기 어렵네요. 충격적이기도 하고요.

성경 신약성경에 보면, **"영원히"**, **"영원토록"**, **"세세토록"**, **"세세무궁토록"** 이라는 표현이 등장해요 이 번역은 헬라어로 단수형인 "아이온", 복수형인 **"에이스 투스 아이오나스"**, 복수의 복수형인 **"에이스 투스 아이오나스 톤 아이오논"** 등 **"아이온"**이 단수, 복수로 변형되어 사용되는 표현인데 이들 모두 영원과 관련하여 번역하고 있어요. 그런데 현 시대에서 우리가 통상적으로 이해하는 영원은 그 뜻과 개념이 절대적이므로 단수형의 하나의 표현만 있어요. 그 단어가 "영원, 영원들, 영원들의 영원들"처럼 단수형, 복수형, 복수의 복수형으로 나누어질 수 없지요. 하지만 헬라어 **"아이온"**은 그렇지 않고 그 의미가 셋으로 나누어지니 그 원어적 의미가 우리가 통상적으로 이해하는 절대적 개념과는 다를 수 있다고 보는 것이 타당하지 않을까요?

우선, "영원히, 영원토록, 세세토록"에 꼭 들어가 있는 단어 **"아이온"**에 대해서 살펴보도록 하지요. 헬라어 **"아이온"**은 "시대" 혹은 "세대" 혹은 "세상" 등으로 번역할 수 있는데, 헬라어의 원의미는 "한 사람이 태어났다가 죽는 이 세상에서의 한 시기" 그리고 "다가오고 있는 다른 한 세상의 시기 전까지 연속된 이 세상의 한 시기"를 의미합니다.

그러므로 신약성경에 나오는 **"아이온"**은 단수로 나올 경우와 복수로 나올 경우에 그 의미가 완전히 다르게 번역되어야 합니다. 단수로 나오면 **"아이온"** 그 의미는 "이 시대(세상)"만을 의미하지만, 복수로 나오면 "이 시대(세상)와 오는 시대(세상)"를 다 포함하는 개념이 되기 때문입니다. 그러므로 **"에이스 톤 아이오나(단수)"**라는 문구는 "세대 동안(시대까지)" 혹은 "시대 동안(세대까지)"라고 번역하는 것이 가장 올바른 번역이며, **"에이스 투스 아이오나스(복수)"**는 세대들 동안(시대들까지)"라는 의미이므로 "이 시대(세상)와 오는 시대(세상)"라고 번역해도 좋을 것입니다. 한편, 신약성경에는 주로 하나님(예수님 포함)에게 사용하는 표현이 등장하기도 하는데, 그것은 **"에이스 투스 아이오나스(복수) 톤 아이오논(복수)"**이라는 문구입니다. 이 뜻은 "세대들의 세대들까지"이죠. 그러므로 이러한 표현은 **"세세 무궁토록"**이라고 표현하는 것이 가장 올바른 표현이라고 할 수 있습니다. 하지만 현대의 성경은 안타깝게도 이와 같은 기준 없이 번역되어 있습니다.

지성 고전 사극을 보면 신하들이 왕들에게는 "천세, 천세, 천천세"라고 하고, 황제들에게는 더 긴 기간을 의미하는 용어를 사용하여 "만세, 만세, 만만세"라고 하는 것 봤는데 뭐 비슷한 것 같네요.

성경 네! 정확히 같다고는 할 수 없지만 비슷합니다. 이에 "영원히", "영원토록", "세세토록"이라는 성경상의 문구에 헬라어 원래의 의미를 첨가하여 비교하며 살펴보도록 할까요?

"에이스 톤 아이오나(단수)"는 개인에게 쓰일 때는 **"평생에"** 구원의 관점에서 쓰일 때는 **"이 세상 끝날까지"**로 번역하는 것이 타당할 것입니다.

예수께서 나무에게 말씀하여 이르시되 이제부터 **영원토록(죽을 때까지)** 사람이 네게서 열매를 따 먹지 못하리라 하시니 제자들이 이를 듣더라 (마가복음 11장 14절)

종은 **영원히(평생에)** 집에 거하지 못하되 아들은 **영원히(평생)** 거하나니 (요한복음 8장 35절)

진실로 진실로 너희에게 이르노니 사람이 내 말을 지키면 **영원히(세상 끝날까지)** 죽음을 보지 아니하리라 (요한복음 8장 51절)

내가 아버지께 구하겠으니 그가 또 다른 보혜사를 너희에게 주사 **영원토록(세상 끝날까지)** 너희와 함께 있게 하리니 (요한복음 14장 16절)

그러므로 만일 음식이 내 형제를 실족하게 한다면 나는 **영원히(평생에)**

고기를 먹지 아니하여 내 형제를 실족하지 않게 하리라 (고린도전서 8장 13절)

또한 이와 같이 다른 데서 말씀하시되 네가 **영원히(세상 끝날까지)** 멜기세덱의 반차를 따르는 제사장이라 하셨으니 (히브리서 5장 6절)

자기 수치의 거품을 뿜는 바다의 거친 물결이요 **영원히(세상 끝날까지)** 예비된 캄캄한 흑암으로 돌아갈 유리하는 별들이라 (유다서 1장 13절)

"에이스 투스 아이오나스(복수)"는 "시대(세상)들 동안"으로 또는 "이 세상과 오는 세상"으로 번역하는 타당합니다.

영원히(이 세상과 오는 세상에서) 야곱의 집을 왕으로 다스리실 것이며 그 나라가 무궁하리라 (누가복음 1장 33절)

또 그들을 미혹하는 마귀가 불과 유황 못에 던져지니 거기는 그 짐승과 거짓 선지자도 있어 **세세토록(이 세상과 오는 세상에서)** 밤낮 괴로움을 받으리라 (요한계시록 20장 10절)

"에이스 투스 아이오나스(복수) 톤 아이오논(복수)"은 하나님(예수님)에 대해 주로 쓰이고 복수의 복수형이므로, "세세 무궁하도록"이라고 번역함이 좋을 것입니다.

하나님 곧 우리 아버지께 **세세 무궁하도록** 영광을 돌릴지어다 아멘 (빌립보서 4장 20절)

곧 살아 있는 자라 내가 전에 죽었었노라 볼지어다 이제 **세세토록(세세**

무궁하도록) 살아 있어 사망과 음부의 열쇠를 가졌노니 (요한계시록 1장 18절)

두 번째로 할렐루야 하니 그 연기가 **세세토록(세세 무궁하도록)** 올라가더라 (요한계시록 19장 3절)

다시 밤이 없겠고 등불과 햇빛이 쓸 데 없으니 이는 주 하나님이 그들에게 비치심이라 그들이 **세세토록(세세 무궁하도록)** 왕노릇 하리로다 (요한계시록 22장 5절)

"**에이스 판타스 투스 아이오나스(복수)**"나 "**에이스 아이오나스(복수) 아니오논(복수)**" 문장도 각각 1개씩 있습니다.

"**에이스 판타스 투스 아이오나스(복수)**"는 유다서에서만 나오는 표현으로, "**모든 시대(세상)들에**"로 번역될 수 있습니다.

곧 우리 구주 홀로 하나이신 하나님께 우리 주 예수 그리스도로 말미암아 영광과 위엄과 권력과 권세가 **영원 전부터 이제와 영원토록(모든 시대들에)** 있을지어다 아멘 (유다서 1장 25절)

"**에이스 아이오나스(복수) 아니오논(복수)**" 이 문구는 "**세대들의 세대들까지**"의 의미로 "**세세 무궁하도록**"이라고 해석하면 될 것입니다.

그 고난의 연기가 **세세토록(세세 무궁하도록)** 올라가리로다 짐승과 그의 우상에게 경배하고 그의 이름 표를 받는 자는 누구든지 밤낮 쉼을 얻지 못하리라 하더라 (요한계시록 14장 11절)

이제 헬라어 **"아이온"**에서 말하는 "이 세상"이 시간적으로 언제까지를 말하는지 살펴볼까요? 히브리서에서 보면 예수님의 대제사장 직분에서 "영원히"라는 단어가 반복적으로 나오는데 이것을 통해 "이 세상"이 무엇을 의미하는지 살펴보려고 해요.

또한 이와 같이 다른 데서 말씀하시되 네가 **영원히** 멜기세덱의 반차를 따르는 제사장이라 하셨으니 (히브리서 5장 6절)

그리로 앞서 가신 예수께서 멜기세덱의 반차를 따라 **영원히** 대제사장이 되어 우리를 위하여 들어 가셨느니라 (히브리서 6장 20절)

증언하기를 네가 **영원히** 멜기세덱의 반차를 따르는 제사장이라 하였도다 (히브리서 7장 17절)

그들은 맹세 없이 제사장이 되었으되 오직 예수는 자기에게 말씀하신 이로 말미암아 맹세로 되신 것이라 주께서 맹세하시고 뉘우치지 아니하시리니 네가 **영원히** 제사장이라 하셨도다 (히브리서 7장 21절)

예수는 **영원히** 계시므로 그 제사장 직분도 갈리지 아니하느니라 (히브리서 7장 24절)

그가 거룩하게 된 자들을 한 번의 제사로 **영원히** 온전하게 하셨느니라 (히브리서 10장 14절)

예수님은 성도의 영원한 제사장이라고 히브리서는 말하고 있으며 이때, 히브리서의 모든 관련 구절에서 "영원히"에 사용된 용어는 헬라어 **"아이온"**을 기본형으로 사용합니다. 이것은 히브리서 저자가 예수님의 제사장 직분의 영원성에 관련하여 일관된 관점을 가지고 있다는 것을 알 수 있는데요 우리가 히브리서에서 말하는 예수님의 제사장직의 영원성의 의미를 이해함으로써 **"아이온"**이 말하는 이 세상은 어디까지를 말하는지 알 수 있을 거예요.

예수는 영원히 계시므로 그 제사 직분도 갈리지 아니하나니 그러므로 자기를 힘입어 하나님께 나아가는 자들을 **온전히 구원하실 수 있으니** 이는 **그가 항상 살아서 저희를 위하여 간구하심이니라** 이러한 대제사장은 우리에게 합당하니 거룩하고 악이 없고 더러움이 없고 죄인에게서 떠나 계시고 하늘보다 높이 되신 자라 저가 저 대제사장들이 먼저 자기 죄를 위하고 다음에 백성의 죄를 위하여 날마다 제사 드리는 것과 같이 할 필요가 없으니 이는 **저가 단번에 자기를 드려 이루셨음이니라** (히브리서 7장 24절 ~ 27절)

히브리서에서 말하는 예수님의 제사장으로서의 역할은 다음 두 가지로 볼 수 있어요.
첫째, 자신을 단번에 제물로 드림으로써 예수님을 힘입어 하나님께 나아가는 자들을 구원하시는 역할로서의 제사장
둘째, 살아서 항상 우리를 위해 간구하시는 중보자로서의 제사장

그런데, 새 하늘과 새 땅이 도래하면 예수님의 제사장 역할은 종료

됩니다. 예수님께서는 이미 십자가에서 단번에 자신을 드림으로써 제사를 완성하셨으며, 새 하늘과 새 땅에서는 더 이상 성도를 위한 중보를 하시지 않기 때문이지요.

내가 들으니 보좌에서 큰 음성이 나서 가로되 보라 하나님의 장막이 사람들과 함께 있으매 하나님이 저희와 함께 거하시리니 저희는 하나님의 백성이 되고 **하나님은 친히 저희와 함께 계셔서** (요한계시록 21장 3절)

새 하늘과 새 땅에서는 예수님을 통해 하나님께 나아갈 필요도 없고 예수님께서 우리를 위해 중보하실 필요도 없습니다. 왜냐하면, 예수님을 통해 이미 대속을 받고 새 하늘과 새 땅에 들어온 것이며, 하나님께서 친히 우리와 함께하실 것이기 때문입니다. 따라서, 예수님의 제사장으로서의 역할은 백보좌 심판으로써 종료된다고 볼 수 있겠죠.
이것을 통해 **"아이온"**은 새 하늘과 새 땅 이전, 즉 백보좌 심판까지라고 판단할 수 있죠.
이러한 해석은 앞에서 살펴본 성경구절을 통해서도 확인되죠.

또 자기 지위를 지키지 아니하고 자기 처소를 떠난 천사들을 **큰 날의 심판까지 영원한 결박**으로 흑암에 가두셨으며 (유다서 1장 6절)

여기서 영원한 결박이 언제까지죠? 큰 날의 심판 즉, 백보좌 심판까지죠.

새 하늘과 새 땅은 완전히 새로운 창조의 세계입니다. 창세기의 천지창조가 창조의 사건인 것처럼 새 하늘과 새 땅은 새로운 창조 즉 새로운 세상으로의 진입 사건임을 알 수 있어요. 따라서, 이를 통해서도 **"아이온"**은 백보좌 심판까지를 말함을 알 수 있죠.

보라 내가 새 하늘과 새 땅을 **창조**하나니 이전 것은 기억되거나 마음에 생각나지 아니할 것이라 (이사야 65장 17절)

성도 선생님! 그래도 받아들이기 어려운 부분이 있어요. 성경을 번역하신 분들은 당시 헬라어 전문가들일 텐데 정말 이런 실수를 하셨을까요?

성경 초기 성경은 히브리어, 아람어, 코이네 그리스어로 쓰여 2세기경 헬라어로 완성된 성경이 나왔다고 해요. 그런데, 이 성경이 라틴어로 번역된 것이 13세기이고, 영어인 킹제임스 버전으로 번역된 것이 1611년이라고 합니다. 그리고, 19세기경 한글로 번역되어 오늘날 우리들의 손에 성경이 들어오게 되었지요. 2세기 헬라어로 통합 번역된 성경은 초대 교회 사도 및 교부들의 가르침 아래 있었으므로 성경의 번역에 있어서 완벽했을 거예요. 그러나, 천 년 이상 지난 후 이루어진 2세기 헬라어 성경에 대한 번역이 그 시점의 사도들의 가르침을 왜곡하여 번역했을 가능성이 없을까요? 오늘날 우리가 고려시대 고문서를 번역한다고 하면 얼마나 정확하게 번역할까요? 물론 성경은 고려시대 고문서와는 달리 지속적으로 전수받고 많은 사람에게 전파되어 왔으므로 왜곡될 가능성은 훨씬 적지만요.

그러나, 마리아를 신격화하고 연옥을 만들어 성경으로 볼 때 명백히 잘못된 교리가 포함되어 있는 카톨릭에서 성경 번역을 하여 오늘날 전파되었다면 왜곡된 시각이 포함되었을 가능성이 있다고 볼 수 있지 않을까요? 그리고, 아까 지성 씨께서 "천세, 천세, 천천세"라고 했는데, 고대에는 세대의 반복성으로 시간을 표현했고 절대적 영원이라는 개념이 중세 이후의 시간에 대한 개념이라면 그 가능성이 더욱 있지 않을까요? 현대 성경학자들 중에는 중세시대 플라톤의 영원에 대한 철학에 영향을 받은 성경학자들이 **"아이온"**을 단수형 및 복수형의 구분 없이 영원으로 해석했다고 보기도 해요. 더욱이 가톨릭은 교회시대인 지금이 천년왕국이라고 하는 등 연대기적 성경 해석의 개념이 무너진 상황에서 **"아이온"**을 정확히 이해하고 번역할 수 있을까요?

성도 그렇다면, 헬라어의 원어적인 의미가 다르게 번역되었다는 말씀이시잖아요? 혹시, 선생님께서 말씀하신 추가적인 근거는 없을까요? 받아들이기 쉽지 않아서요.

성경 저는 네 가지 정도를 근거로 들 수 있을 거 같아요.

첫째는, **"아이온"**의 단어적 의미가 "연속된 동일한 세상의 시간"이라는 것,

둘째는, **"아이온"**이 절대적 영원이라면 성경에 단수, 복수, 복수의 복수형이 있을 수 없다는 것,

셋째는, **"아이온"**의 시간에 대해 문맥상 한정된 시간의 용례가 있다는 것,

이 세 가지는 앞에서 다 설명을 드린 것 같네요.

넷째는, 성경저자들이 **"아이온"**을 단수, 복수 및 복수의 복수형으로 쓸 때 의도를 가지고 사용했다는 것이에요.

"아이온"의 단수형은 예수님의 언약, 예수님과 성령님의 사역, 그리고, 최후의 심판과 관련됩니다.

예수님의 구원자로서의 언약과 관련된 말씀을 하실 때 **"아이온"**을 사용하고 있죠.

진실로 진실로 너희에게 이르노니 사람이 내 말을 지키면 **영원히(세상 끝날까지)** 죽음을 보지 아니하리라 (요한복음 8장 51절)

내가 주는 물을 마시는 자는 **영원히(세상 끝날까지)** 목마르지 아니하리니 내가 주는 물은 그 속에서 영생하도록 솟아나는 샘물이 되리라 (요한복음 4장 14절)

우리는 영원히 새 하늘과 새 땅에서 예수님과 함께 있을 것을 압니다. 그런데, 예수님은 왜 **"아이온"**을 사용하셨을까요? 그것은 예수님이 이 땅에 구원자로서 오셨고 구원자인 하나님의 아들의 권세로서 하신 언약이기 때문이에요. 백보좌 심판 이 후의 언약인 새 하늘과 새 땅에서의 언약은 예수님이 아닌 하나님의 언약이기 때문이죠.

예수님과 성령님의 사역을 말씀하실 때도 **"아이온"**을 사용하고 있죠.

또한 이와 같이 다른 데서 말씀하시되 네가 **영원히(세상 끝날까지)** 멜기세

덱의 반차를 따르는 제사장이라 하셨으니 (히브리서 5장 6절)

내가 아버지께 구하겠으니 그가 또 다른 보혜사를 너희에게 주사 **영원토록(세상 끝날까지)** 너희와 함께 있게 하리니 (요한복음 14장 16절)

이 말씀 역시 예수님과 성령님의 사역은 백보좌 심판 때까지이기 때문에 "**아이온**"을 사용하고 있는 것이죠.

심판을 말씀하실 때도 "**아이온**"을 사용하는 경우가 있죠.

자기 수치의 거품을 뿜는 바다의 거친 물결이요 **영원히(세상 끝날까지)** 예비된 캄캄한 흑암으로 돌아갈 유리하는 별들이라 (유다서 1장 13절)

또 자기 지위를 지키지 아니하고 자기 처소를 떠난 천사들을 **큰 날의 심판까지 영원한(세상 끝날까지) 결박**으로 흑암에 가두셨으며 (유다서 1장 6절)

여기서의 심판은 큰 날의 심판 즉, 백보좌 심판 때까지의 심판이기 때문에 "**아이온**"을 사용하고 있는 것이죠.

"**아이온**"의 복수형 및 복수의 복수형은 주로 예수님이나 하나님의 영원성을 송축하는 데 쓰이는데 이미 말씀드렸던 내용이니까 다시 언급하지 않을게요.

심판 또는 지옥 형벌에도 쓰이는 경우가 일부 있는데 이러한 용례는 주의 깊게 살펴봐야 합니다. 왜냐하면, 지옥의 형벌도 백보좌 심판까지인지, 현재와 영벌을 포함하는지, 영벌만 말하는 것인지, 하나님의 영원성에 해당하는 기간의 형벌인지 등 말씀에서 사용하는 목적에 따라 **"아이온"**의 단수형, 복수형, 복수의 복수형의 사용이 달라질 수밖에 없거든요.

4.

영생은 영원한 생명을
영벌은 영원한 형벌을 의미하는가?

지성 선생님의 영원에 대한 해석 잘 들었습니다. 어렵기는 하지만 열심
히 좇아가고 있습니다. 그런데, 선생님 말씀을 들으니 이러한 의문
이 생기네요. 그렇게 큰 사랑을 가지신 하나님께서 구원받지 못한
자들에게 백보좌 심판을 통해 영원한 형벌을 내리셔야 하나 해서
요. 혹시 영벌에 대한 다른 해석의 가능성은 없나요?

성경 그럼, 영벌과 관련된 성경구절을 한번 살펴볼까요?

또 왼편에 있는 자들에게 이르시되 저주를 받은 자들아 나를 떠나 마귀와
그 사자들을 위하여 **예비된 영영한 불**에 들어가라 (마태복음 25장 41절)

여기서 영영한 불, 즉 백보좌 심판 후 사망과 지옥이 들어갈 유황불
못을 누구를 위해 영원히 예비된 것이라고 하고 있나요? "마귀와 그
사자들"입니다. 왼편에 있는 자인 염소들이 아니죠. 그리고, 왼편에

있는 자들에게 단순히 "들어가라."고만 했지 "영원히 고통받으라." 고 하지 않았습니다. 이것은 마귀와 그 사자들이 받는 형벌과는 차이가 나죠.

또 저희를 미혹하는 마귀가 불과 유황 못에 던지우니 거기는 그 짐승과 거짓 선지자도 있어 **세세토록 밤낮 괴로움을 받으리라** (요한계시록 20장 10절)

예상과는 다르게 지옥, 바깥 어두운 곳, 유황불못 등 하나님의 심판의 장소에서 **"영원히 고통을 받을 것"**이라고 명백하게 표현된 곳은 성경 전체에 걸쳐서 요한계시록 20장 10절이 유일합니다. 그것도 **"마귀와 그 사자들"**에게만 제한적으로 적용된 말씀입니다.

인간에 대해서 하나님의 심판의 장소에서 영원한 고통을 받을 것이라고 명백하게 표현된 구절은 찾아보기 쉽지 않죠.

성도 그런데, 마태복음 25장을 보면 백보좌 심판의 마지막 구절인 46절에서 분명히 악인은 영벌에 들어간다고 하고 있지 않나요?

그들은 영벌에, 의인들은 영생에 들어가리라 하시니라 (마태복음 25장 46절)

성경 네, 맞습니다. 그럼 영벌은 무슨 의미일까요? 유다서 말씀을 한번 볼까요?

소돔과 고모라와 그 이웃 도시들도 저희와 같은 모양으로 간음을 행하며 다른 색을 따라 가다가 **영원한 불의 형벌**을 받음으로 거울이 되었느니라 (유다서 1장 7절)

소돔과 고모라 역시 영벌 즉 "영원한 불의 형벌"을 받았습니다. 그러나, 이 영벌은 불의 형벌이 이루어지고 소멸되어 회복될 수 없는 상태의 형벌입니다. 소돔과 고모라는 지금은 타서 재가 되었지 아직도 타고 있지는 않기 때문이죠.

성도 이 말씀은 소돔과 고모라와 이웃 도시 사람들이 영원한 불의 형벌, 즉 지옥에서의 고통을 받는다는 의미로 해석할 수 도 있는 것 아닌가요?

성경 본 구절은 신약 저자인 유다가 "소돔과 고모라 심판"이라는 구약에 기록된 사건을 인용한 것이지 "심판"으로 인해 구약에 기록되지 않은 "지옥 형벌"의 해석을 한 구절이 아닙니다. 만일 해석을 한 구절이라면 "거울이 되었느니라."의 일반화된 표현이 아닌 "거울이 되느니라."와 같은 주장의 표현이 되어야 하지 않을까요? 따라서, 사건의 인용으로 본다면 재가 된 상태인 소멸로 "영원한 불의 형벌"을 해석하는 것이 타당하겠죠.

베드로후서 2장은 유다서와 같은 주제인 거짓선지자와 거짓교사 문제를 다루고, 글의 전개 방식도 유사합니다. 그리고, 다루는 구약의 인용 사건도 동일합니다. 마치 한 사람이 말한 내용을 베드로와 유다 두 사람이 듣고 쓴 것처럼 말이죠. 그 구약의 인용 사건은 소돔과 고모라에 대한 것인데 "영원한 불의 형벌"의 의미가 재가 되어 소멸된 것을 의미한다는 것은 베드로가 동일한 사건을 다루는 해당 구절을 보면 더욱 명확해집니다.

소돔과 고모라 성을 멸망하기로 정하여 재가 되게 하사 후세에 경건하지 아니할 자들에게 본을 삼으셨으며 (베드로후서 2장 6절)

영벌은 영원한 고통으로 해석될 수도 있지만, 심판받고 회복될 수 없는 상태로 해석될 수도 있습니다. 그러나, 나는 하나님의 성품인 사랑과 공의의 성품에 의지하여 "심판받고 회복될 수 없는 상태"의 불 가운데 소멸된 상태로 해석할 수 있다고 봅니다. 왜냐하면, 어떠한 인간이 아무리 큰 죄를 지어도 영원한 시간 동안 고통을 받는다는 것은 하나님이 그 큰 대가를 치르신 사랑의 성품에 비추어도 맞지 않고 마귀와 동등한 대가를 치른다는 것은 하나님의 공의와도 맞지 않고 시효 없는 고통 형벌을 주신다는 것은 공의 관점의 등가성의 원칙에서도 동의하기 어렵기 때문입니다.

또 내가 보니 죽은 자들이 큰 자나 작은 자나 그 보좌 앞에 서 있는데 책들이 펴 있고 또 다른 책이 펴졌으니 곧 생명책이라 **죽은 자들이 자기 행위를 따라 책들에 기록된 대로 심판을 받으니** (요한계시록 20장 12절)

백보좌 심판에 대해 성경은 무엇이라고 말하고 있나요? "자기 행위를 따라 책들에 기록된 대로 심판을 받으니"라고 언급하고 있습니다. 즉, 형량만큼 심판을 받는다는 말로 해석할 수 있죠. 사람이 어떤 범죄를 지으면 사탄과 같은 죄를 지을 수 있을까요? 그리고, 그 형벌이 영원한 행위는 무엇이 있을까요?

내가 지을 새 하늘과 새 땅이 내 앞에 항상 있는 것 같이 너희 자손과 너희 이름이 항상 있으리라 여호와의 말이니라 여호와가 말하노라 매월 초하루와 매 안식일에 모든 혈육이 내 앞에 나아와 예배하리라 그들이 나가서 내게 패역한 자들의 시체들을 볼 것이라 그 벌레가 죽지 아니하며 그 불이 꺼지지 아니하여 모든 혈육에게 가증함이 되리라 (이사야 66절 22절 ~ 24절)

이사야서의 이 말씀은 백보좌 심판이 완료된 후 새 하늘과 새 땅에서 부활한 육체를 가진 성도들이 매 절기마다 유황불못에서 타고 있는 시체를 보는 모습입니다. 둘째 부활 때 모든 자들은 육체를 소유하게 되고 심판받는 자들은 육체를 가진 상태로 유황불못에 들어가게 됩니다.

몸은 죽여도 영혼은 능히 죽이지 못하는 자들을 두려워하지 말고 오직 **몸과 영혼을 능히 지옥에 멸하시는 자를 두려워하라** (마태복음 10장 28절)

마태복음에서 예수님께서는 영혼만 지옥에 멸하시는 자를 두려워하라고 하지 않으셨습니다. 몸을 포함하여 지옥에 멸하시는 분을 두려워하라고 말씀하시고 있습니다. 이로 보건대, 현재는 악인은 죽은 후 영혼만 지옥에 떨어지겠지만 백보좌 심판 때는 의인과 악인 모두 몸과 영혼이 부활한 후 의인은 새 하늘과 새 땅으로 악인은 불못으로 가는 것을 알 수 있습니다.

그런데, 유황불못에서 벌레가 죽지 않은 상태로 사람들의 시체를 갉아먹고 있습니다. 이와는 대조적으로 벌레도 살아 있는 곳에서 불못의 사람들은 시체의 상태로 있습니다. 고통스러워하고 있는 것이 아니라, 영혼 없는 시체가 계속 타고 있는 모습입니다. 불못은 "마귀와 그 사자들"을 심판하기 위해 예비된 곳입니다. 사람의 영혼은 이곳에서 심판이 종료되어 영혼이 소멸된 상태로 불못에 들어가거나 심판이 종료되면 영혼은 소멸되고 육체만 불타고 있다고 볼 수 있겠죠. 왜냐하면, 유황불못 심판 때 행한 대로 심판을 받는다고 했기 때문입니다.

성도 선생님이 전에 말씀하실 때 다니엘서 12장 2절을 통해 영원한 심판을 받는 자도 있다고 하시지 않았나요?

땅의 티끌 가운데서 자는 자 중에 많이 깨어 영생을 얻는 자도 있겠고 **수욕을 받아서 무궁히 부끄러움을 입을 자도 있을 것이며** (다니엘서 12장 2절)

성경 이 말씀을 보면 수욕을 받는 자가 부끄러워하고 있는 것인가요? 아니면 누군가에 의해 부끄러움을 당하고 있는 것인가요? 누군가에 의해 부끄러움을 당하는 영원성이죠. 예를 들어, 누군가가 이미 돌아가신 이순신 장군을 욕한다면, 이순신 장군이 모욕을 당했다고 표현하는 것과 마찬가지인 것이죠. 나는 앞에서 새 하늘과 새 땅에 있는 성도들에 의해 영원히 불못에서 타고 있는 영혼 없는 시체들이 "**가증함**"이 될 것, 다르게 표현하면 부끄러움을 당할 것이라고 이사야서 말씀을 통해서 말씀드렸어요. 원어적으로 살펴봐도 이사야서의 "**가증함**"과 다니엘서의 "**부끄러움**"은 동일한 히브리어인 "**데라온**"을 사용하고 있어 같은 의미임을 알 수 있죠. 따라서, 이 말씀도 영원한 고통을 의미하는 말씀이라고는 볼 수는 없는 것이죠.

성도 그러고 보니, 앞에서 말씀하셨던 "고난의 연기"도 고난을 받은 후 영혼 없는 시체가 타는 모습으로도 해석이 될 수 있을 것도 같은데요?

두 번째로 할렐루야 하니 그 연기가 **세세토록** 올라가더라 (요한계시록 19장 3절)

그 고난의 연기가 **세세토록** 올라가리로다 짐승과 그의 우상에게 경배하고 그의 이름 표를 받는 자는 누구든지 밤낮 쉼을 얻지 못하리라 하더라 (요한계시록 14장 11절)

성경 요한계시록의 이 말씀들은 모두 불못의 영원성에 대한 말씀인데 요한계시록 19장은 "**에이스 투스 아이오나스(복수) 톤 아이오논(복수)**"이고 14장은 "**에이스 아이오나스(복수) 아니오논(복수)**"으로 하나님을 송축할 때 주로 사용하는 복수의 복수형을 사용하고 있죠. 그러나, 앞에서도 말했지만 이 영원성은 지옥에서의 고통에 대한 영원성이 아니라고 볼 수 있어요. 불못에서 올라가는 연기의 영원성이며, 불못으로 들어간 자들이 행한 대로 받는 심판의 고난 후 영혼 없이 불타는 시체의 영원성이죠.

또 그들을 미혹하는 마귀가 불과 유황 못에 던져지니 거기는 그 짐승과 거짓 선지자도 있어 **세세토록** 밤낮 괴로움을 받으리라 (요한계시록 20장 10절)

이 말씀에서 "세세토록"은 "**에이스 투스 아이오나스(복수)**"인데, 한 세상을 말하는 "**아이온**"보다는 더 많은 수의 세상을 의미하나, "**에이스 투스 아이오나스(복수) 톤 아이오논(복수)**"보다는 더 적은 수의 세상을 의미한다고 볼 수 있어요. 앞에서 "**아이온**"이라는 헬라어의 단수형, 복수형, 복수의 복수형에 따라 영원의 기간이 다르다는 것을 설명했어요. 이러한 관점에서 볼 때, 요한계시록 20장 10절에서 "**에이스 투스 아이오나스(복수)**"로 정해진 마귀의 고통의 기간은 오는 세상인 "영벌의 세상"이 종료되는 시점으로 볼 수 있죠. 이것은 마태복음 25장의 말씀을 보면 더욱 명확해집니다.

또 왼편에 있는 자들에게 이르시되 저주를 받은 자들아 나를 떠나 마귀와 그 사자들을 위하여 **예비된 영영한 불**에 들어가라 (마태복음 25장 41절)

백보좌 심판 후 영벌을 받는 "영영한 불"은 누구를 위해 예비된 것이라고 했죠? "마귀와 그 사자들"이죠. 결국 "영영한 불"에서 "영영한"의 기한은 어떻게 될까요? 헬라어로 보면 "영영한"은 "**아이오니온**"으로 "**아이온**"의 형용사적 변형이에요. 그리고, 마태복음 25장 46절의 영벌 또한 "**아이오니온**"을 사용하고 있죠. 그런데, 이 "**아이온**"은 백보좌 심판 이후의 "**아이온**"이에요. 따라서, 백보좌 심판 후 마귀가 불과 유황불못에서 고통을 받는 시기도 종료의 시점이 있다고 볼 수 있죠. 유황불못 역시 행한 대로 심판받는 곳이므로 수천 년일지 수천만 년일지, 수백억 년일지 몰라도 그 형벌의 종료 시점이 있다고 볼 수 있는 겁니다. 그럼, 마태복음에서의 백보좌 심판 후 영벌은 **"아이온"**을 사용하는데, 요한계시록 20장 10절에서는 왜 복수형인 **"에이스 투스 아이오나스(복수)"**를 사용할까요? 그것은 "그 짐승과 거짓 선지자"는 백보좌 심판 천 년 전에 이미 유황불못에 먼저 들어갔기 때문이에요. 그들에게는 현재 세상인 **"아이온"**과 오는 세상인 백보좌 심판 이후의 **"아이온"** 모두에서 형벌을 받기 때문이죠.

그런데, 요한계시록 14장 11절에서 유황불못에 있는 사람들에게는 하나님의 영원성을 송축할 때 쓰이는 **"아이온"**의 복수의 복수형을 사용하는데 마귀보다 사람이 더 오랜 기간 고통을 받는다는 것이 하나님의 공의라고 할 수 있을까요? 이것으로 보아도 유황불못에서 영혼 없이 불타는 시체의 영원성으로 이해하는 것이 타당하다고 볼 수 있죠.

성도 선생님 요한계시록 14장 11절 말씀은 짐승과 그의 우상에 경배하고 666표를 받은 자들을 대상으로 하는 것이잖아요? 그런데, 그들의 시체가 백보좌 심판 후 유황불못에서 타고 있다면 지옥에서도 회개의 기회가 없다는 의미입니까?

성경 "짐승과 그의 우상에게 경배하고 그의 이름 표를 받는 자"들이 죽으면 처음 가는 곳은 어디일까요? 유황불못이 아니죠. 음부입니다. 왜나하면, 이들의 죽음은 백보좌 심판보다도 천 년 이상 전인 대환란 시기이거든요. 단순하게 보면, 음부에 있다가 백보좌 심판 시 이들도 부활하겠죠. 이들의 죄를 볼 때 성도가 교회를 핍박하고 표를 받은 것은 아니니 백보좌 심판 전에는 무저갱이 아닌 음부로 가겠네요. 그리고, 회개의 기회 없이 부활 후 유황불못으로 들어가 이들의 영혼 없는 시체가 타는 것으로 해석될 수도 있네요.

저는 "짐승과 그의 우상에게 경배하고 그의 이름 표를 받는 자"라는 의미는 두려움에 굴복한 불신자 및 배교자의 태도적 특성이라고 봐요. 그런데, 이들의 태도적 특성이 지옥에서 바뀐다면 기회가 있다고 보는 것이 옳지 않을까요? 지옥에서 회개하면 짐승과 그의 우상에게 **경배했던 자**이기는 하나 **경배하는 자**는 더 이상 아니게 되는 거죠. "짐승과 그의 우상에게 경배하고 그의 이름 표를 받는 자"의 문장을 다시 자세히 보면, "경배하고"와 "받는 자"의 현재형입니다. "경배했고"와 "받은 자"의 완료형이 아닙니다. 이 의미는 지옥에서 태도가 바뀌면 기회가 온다고 볼 수 있지 않을까요?

지성 선생님 말씀을 들으니 이런 생각이 드는데요. 목사님이 설교 중에 "무당 찾아가서 점보는 사람은 지옥 갑니다." 하면 점을 본 적이 한 번이라도 있는 사람은 지옥 간다는 의미로 말씀하신 것은 아닐 것 같거든요. 자꾸 점 보러 가면 지옥 간다는 말씀일 것 같거든요. 맞는 비유인가요?

성경 좋은 비유인 것 같아요. 요한계시록 14장 11절 말씀을 태도에 대한 말씀으로 보고 지옥에서 회개의 기회가 있다고 보는 것은 하나님의 사랑의 성품에도 부합하고요. 그리고, 이들이 성령훼방죄를 지은 것도 아닌데, 다른 시기에는 지옥에서 구원의 기회를 주신 하나님

께서 이들만 배제하실 이유가 있을까요? 하나님의 공의 관점에서
도 맞지 않죠.

일제시대에 거의 모든 사람들이 신사참배를 했습니다. 불신자는 당
연히 신사참배를 했고요, 대부분의 신자와 목회자도 신사참배를 했
습니다. 그러면, 이들은 전부 지옥에 갔다고 생각해야 하나요? 영
락교회를 담임하셨던 한경직 목사님의 경우 자신이 신사참배를 했
던 죄인이라는 심정으로 평생을 사셨는데, 그분은 지옥에 가셨을까
요? 아니라고 생각하는 것이 당연하겠죠.

성도 선생님! 일제시대의 신사참배와 비유하셨는데, 대환란 때 표를 받
은 사람들도 회개하면 기회가 있다는 말씀처럼 들리네요. 666표가
베리칩이라는 사람들이 많던데, 베리칩에 사람의 뇌를 조정하는 기
능이 있어서 회개가 불가능하게 만든다고 하더라고요. 그러면, 이
사람들은 구원의 기회가 없는 것 아닌가요?

성경 저는 666표에 사람의 뇌를 조정할 수 있는 기능이 있을지 없을지는
모릅니다. 만약에 이러한 기능이 심겨져 있다면, 살아서는 회개가
불가능하겠죠. 그러나, 죽으면 영혼만 지옥인 음부로 가는데, 베리
칩을 가지고 가지는 않겠죠. 살아서는 회개가 불가능하더라도 지옥
에서는 회개가 가능하게 되는 거죠.

성도 영벌과 관련한 선생님 말씀은 잘 이해했습니다. 결론은, 영혼이 소
멸될 수 있다는 것이잖아요. 영혼이 불멸하다는 기독교의 입장은
수천 년 동안 이어온 전통인데, 영혼이 불멸하지 않다는 입장은 솔
직히 좀 부담스럽네요.

성경 현대의 대표적인 복음주의 저술가인 존 스토트가 1988년에 출간한

『복음주의가 자유주의에 답하다』라는 저서에서 "의식이 있는 상태에서의 영원한 고통은 성경의 최고 권위 앞에서 포기돼야 할 전통일 수 있다."라고 했는데, 이것이 믿기시나요?

성도 정말, 의외네요. 제가 가장 존경하는 분들 중 한 분인데…….

성경 지옥에서 영혼이 영원히 고통받는다는 이 영혼불멸설은 3세기 초 터툴리안 교부에 의해 주장되었고, 5세기 천주교의 교리를 정립한 성 어거스틴이 받아들임으로써 교리화되었다고 합니다. 그것을 종교 개혁 시 존 캘빈이 이어받은 거구요.

지성 영혼이 불멸하지 않다는 말씀은 영벌이 영원한 지옥 고통이 아니라는 말씀이어서 좋기는 한데 그럼 영생도 영원하지 않은 것 아닌가요?

으흐~~~ 불안해지네요.

성경 영벌이 영원한 고통이 아닐 수 있다고 한 것은 하나님의 성품에 의지한 견해입니다. 하나님께서는 사랑이십니다. 그 사랑의 하나님이 영원히 성도들과 함께 있기를 원하지 않으시겠어요?

다시 밤이 없겠고 등불과 햇빛이 쓸 데 없으니 이는 주 하나님이 그들에게 비치심이라 그들이 **세세토록** 왕노릇 하리로다 (요한계시록 22장 5절)

이 말씀을 보면 새 하늘과 새 땅에 있는 성도들에게 "세세토록 왕노릇" 할 것이라고 써 있는 것을 알 수 있는데, 이 말씀에서 "세세토록"은 **"에이스 투스 아이오나스(복수) 톤 아이오논(복수)"**으로 하나님을 송축할 때 쓰이는 영원성에 대한 말씀입니다. 즉, 우리는 새 하늘과 새 땅에서 하나님께서 영원하신 분인 것처럼 우리도 영원히 살 것이라는 의미죠. 예수님의 약속은 **"아이온"**인 단수형을 쓰셨다고 했잖아요. 마태복음 25장의 백보좌 심판에서 말하는 영생에서도 **"아이온"**을 사용하고 있기는 해요. 그런데, 백보좌 심판에서의 예수님의 언약은 구세주(메시아)로서의 언약이기 때문이에요. 새 하늘과 새 땅은 하나님의 통치영역이니 하나님께서 새 하늘과 새 땅에서의 언약을 하시는 거죠. 영원히 함께하시겠다고……….

지성 성경에 또 그런 말씀이 있었네요. 휴~~~ 다행이네요.

5.

살아서 예수님을 영접하지 않고
죽은 자는 모두 지옥에 가는가?

지성 선생님 궁금한 게 있는데요. 이 세상에는 착하고 진실되게 사는 사람도 많잖아요. 그런 사람도 다 지옥 가나요? 공의와 사랑의 하나님이 복음을 받아들이지 못한 모든 인류를 반드시 지옥 심판을 하시는 건가요?

성경 네, 복음을 받아들이지 못한 거의 모든 인류가 지옥에 갈 것이라고 생각합니다. 그러나, 심판받을 필요가 없거나 구원받기에 충분히 준비된 자들에 대해 하나님께서 특별 계시를 그들 사후에 부으셔서 구원에 이르게 하시리라 생각합니다. 이들은 "자유의지로 죄를 선택한 적이 없는 아기", "진리를 추구하는 삶을 산 구도자", "자신의 생명을 희생하여 다른 생명을 살린 의사자"의 세 부류로서 하나님의 특별 계시를 통하여 구원에 이르게 하실 것이라고 생각합니다.

지성 일부만 빼고 거의 대부분은 지옥에 간다는 말씀인데, 왜 이 세 부류는 빠지는 겁니까?

성경 성경에 근거하여 이 세 부류에 대해 왜 그렇게 생각하는지 말해 보고자 합니다.

첫째 부류로 자유의지로 죄를 선택한 적이 없는 아기에 대한 특별 은총에 대해 성경에 근거해 말해 볼게요.

인간의 심판은 무엇 때문에 이루어지나요? 그것은 죄 때문입니다. 인간의 삶 가운데 죄를 짓는 사건이 일어나게 되면 죄가 있는 상태로는 하나님의 공의로 인해 심판을 받아야 합니다. 그런데, 아기들이 죄를 지을 수 있나요? 선악을 분별하여 스스로의 선택에 의해 악을 택할 수 없는 아기들이 죄를 지을 수 있나요? 이사야서 말씀을 볼까요?

그러므로 주께서 친히 징조로 너희에게 주실 것이라 보라 처녀가 잉태하여 아들을 낳을 것이요 그 이름을 임마누엘이라 하리라 **그가 악을 버리며 선을 택할 줄 알 때에 미처** 버터와 꿀을 먹을 것이라 (이사야 7장 14절 ~ 15절)

이사야서 7장에서 예수님이 버터와 꿀을 먹을 때가 되어서야 악을 버리고 선을 택할 줄 알게 되었다고 하는 것인지 아니면, 그 당시 사람들이 버터와 꿀을 먹게 될 때 아기가 악을 버리고 선을 택할 줄 알게 되었다는 것인지에 대해서는 신학자들 간에 이견이 있습니다. 그러나, 분명한 것은 아기에게 선악을 분별할 수 없을 때가 있음을 증거하고 있습니다. 그럼, 선악을 분별할 수 있기 전에 죽은 아기들에게 하나님께서 죄를 물으실 수 있겠습니까?

하나님께서 각 사람에게 그 행한 대로 보응하시되 (로마서 2장 6절)

아담의 범죄로 인해 인류에게 죄의 씨앗이 전파되어 모든 인류가 죄로부터 자유롭지 못해도 심판의 근거는 각 사람의 행위 즉 실제로 개인이 지은 죄로 말미암습니다.

범죄하는 그 영혼은 죽을지라 아들은 아버지의 죄악을 담당하지 아니할 것이요 아버지는 아들의 죄악을 담당하지 아니하리라 (에스겔 18장 20절)

부모의 죄를 자식이 담당하지 않고 자식의 죄를 부모가 담당하지 않는 것이 율법이고 하나님이 죄를 판단하는 기준인데 하물며 먼 조상인 아담의 죄로 인해 죄 없는 자인 아기를 심판할 수는 없는 것이죠.

성도 그러면, 아기들이 죽으면 모두 천국으로 가겠군요!

성경 물론, 그렇지만 이들은 나중에 천년왕국에서 자유의지의 시험을 받아야 하니 아기로 죽는 것이 이들에게 좋은 것만은 아닙니다.

둘째 부류로 진리를 추구하는 삶을 산 구도자에 대한 특별은총에 대해 성경에 근거해 말해 볼게요. 구도자란 진리를 알기를 힘쓰며 그의 삶 가운데 진리를 추구하며 사는 자입니다. 그러나, 이 구도자는 미전도 종족에 속해 있는 등의 환경적인 요인에 의해 복음을 접할 수가 없었습니다. 이 구도자는 복음을 들었으면 분명히 십자가의 대속의 은혜를 진리로 믿고 즉각적으로 영접했을 것입니다.

구하라 그리하면 너희에게 주실 것이요 찾으라 그리하면 찾아낼 것이요 문을 두드리라 그리하면 너희에게 열릴 것이니 (마태복음 7장 7절)

구도자는 진리를 갈망하고 끝없이 구하고 찾고 문을 두드린 자들입니다. 그러나, 진리를 알려줄 자가 없었습니다. 그래서, 진리를 알 수 없었고 사후에 하나님의 특별 계시를 통해 대속의 십자가를 믿고 영접하게 될 것입니다. 물론 이들 가운데의 삶 가운데서도 죄가 있었을 것입니다. 그러나, 하나님은 이들에게 죄를 보시기 전에 구도자로서의 갈망을 보시고 은혜 베푸시기를 기뻐하실 것입니다.

이 의미는 오늘날 로마 카돌릭을 중심으로 이루어지고 있는 종교통합운동과는 다릅니다. 로마 카돌릭은 예수님의 구원의 복음을 통하지 않고도 다른 종교를 통해서도 구원에 이를 수 있다는 전제로서 이루어지는 종교통합운동입니다. 그러나, 구도자의 구원의 근거는 철저하게 다음 말씀을 받아들임으로써 성취되는 것입니다. 다만, 그 시점이 사후에 특별 계시로 이루어졌을 뿐이죠.

예수께서 이르시되 내가 곧 길이요 진리요 생명이니 나로 말미암지 않고는 아버지께로 올 자가 없느니라 (요한복음 14장 6절)

지성 구도자는 진실로 진리를 추구한 자들인데 죽어 보니 "어! 지옥이네." 하면 좀 억울할 것 같아요.

성경 셋째 부류로 자신의 생명을 희생하여 다른 생명을 살린 의사자에 대한 특별은총에 대해 성경에 근거해 말해 볼게요.

예수님은 십자가에 못 박히시기 위해 제사장들에게 잡혀가시기 전 최후의 만찬에서 제자들에게 새 계명을 주셨습니다.

내 계명은 곧 내가 너희를 사랑한 것 같이 너희도 서로 사랑하라 하는 이 것이니라 (요한복음 15장 12절)

그것은 예수님이 제자들을 사랑한 것 같이 제자들도 서로 사랑하라는 것입니다. 이 사랑의 계명이 마지막 계명이고 동시에 궁극적 계명입니다. 백보좌 심판의 근거가 "사랑을 실천하였느냐?"임을 확인하지 않았습니까? 사랑이야말로 예수님의 대속의 십자가를 영접하고 변화된 자가 보여 주는 최고의 증거이고 완전한 증거입니다. 그런데, 예수님을 영접하지 못했지만 그 삶 가운데 하나님의 자녀로서 최고의 증거인 사랑을 완전하게 보여 주는 자가 있다면 하나님은 그런 자를 어찌하시겠습니까? 그럼, 완전한 사랑의 증거는 무엇입니까? 그것은 다른 사람을 살리기 위해 자기 목숨을 버리는 자기 희생적 사랑의 실천입니다.

사람이 친구를 위하여 자기 목숨을 버리면 이에서 더 큰 사랑이 없나니
너희가 나의 명하는 대로 행하면 곧 나의 친구라 (요한복음 15장 13절 ~ 14절)

예수님께서는 마가의 다락방에서 친구를 위해 자기 목숨을 버리면 이에서 더 큰 사랑이 없다고 하셨습니다. 즉, 최고의 계명을 완성한 자들입니다. 물론 이들 가운데의 삶 가운데서도 죄가 있었을 것입니다. 그러나, 하나님은 이들에게 죄를 보시기 전에 완전한 사랑의 실천을 보시고 사후에 특별 계시를 통해 십자가의 복음을 깨닫게 해 주시기를 기뻐하실 것이며, 이들은 반드시 복음을 받아들일 것입니다. 왜냐하면, 이들은 사랑을 좇는 자들로서 하나님과 가장 닮은 자들이기 때문입니다.

6.

구약의 사람들은 십자가를 통하지 않고
어떻게 구원받았나?

성도 살아서 예수님을 모르거나 믿지 않는 자가 사후에 예수님의 자기 계
　　시를 통해 구원받을 수 있다는 특별은총은 성경적 근거가 있나요?
　　저는 없는 것 같은데요?

성경 정말 성경에 특별은총을 받은 사람에 대한 기록이 없을까요?
　　구약의 노아, 아브라함, 모세, 다윗 등 수많은 믿음의 선진들은 예
　　수님을 모르고 죽었습니다. 왜냐하면, 예수님께서 이 땅에 오시기
　　전인 구약의 인물들이기 때문입니다.

성도 이들은 모두 오실 메시아를 믿은 것 아닌가요? 예수님께서 오시기
　　전에 미리 믿고 구원에 이른 것으로 배웠는데요.

성경 그런데, 신약에서 제시하는 구원의 기준으로 볼 때 단순하게 오실
　　메시아를 믿는 것으로 구원을 받을 수 있을까요?

　　우리는 그리스도 안에서 그의 은혜의 풍성함을 따라 그의 피로 말미암아

속량(대속) 곧 죄 사함을 받았느니라 (에베소서 1장 7절)

그리스도 즉 메시아를 믿는 데 있어 단순히 이스라엘을 회복시킬 메시아 즉 왕으로서의 메시아를 믿어서는 구원을 받을 수 없습니다. 우리의 죄값을 대신 치르시기 위해 화목제물이 되신 대속자로서의 메시아를 믿어야 구원을 받을 수 있습니다.

그가 찔림은 우리의 허물 때문이요 그가 상함은 우리의 죄악 때문이라 그가 징계를 받으므로 우리는 평화를 누리고 그가 채찍에 맞으므로 우리는 나음을 받았도다 (이사야 53장 5절)

구약의 신자라도 대속의 원리에 근거하여 이사야에서 말씀하고 계시는 우리의 죄값을 대신 치르실 메시아로 믿어야 구원을 받을 수 있는 것입니다.

그런데, 구약의 신자들이 믿은 오실 메시아는 대속의 메시아였을까요? 아담, 노아, 아브라함, 모세, 다윗에 이르기까지 오실 메시아는 대속의 메시아로서 명확히 드러나 있지 않습니다. 그들이, 혹시 개인적으로 오실 메시아를 대속의 메시아로서 알았을지 몰라도 성경은 이들이 대속의 메시아로서 알았다는 것을 밝히 드러낸 적이 없습니다. 모세오경을 쓰고, 예수님을 예표하는 제사법을 제정한 모세도 메시아를 대속의 의미로 이해하고 제사법을 만들었다고 볼 만한 성경구절은 찾을 수 없습니다. 하물며, 여호수아와 함께 가나안을 정복한 이스라엘 백성, 사무엘의 어머니 한나, 입다, 삼손 등 이스라엘 역사의 수많은 믿음의 선진으로 불리는 자들도 오실 메시아를 대속의 메시아로 믿었다고 볼 수 있을까요? 성경은 그리스도에 대해 만세와 만대로부터 감추어진 것인데 이제 예수님이 사역을 마치시고 제자들이 성경을 씀으로써 밝혀졌다고 말하고 있습니다.

이 **비밀은 만세와 만대로부터 감추어졌던 것인데** 이제는 그의 성도들에게 나타났고 하나님이 그들로 하여금 이 비밀의 영광이 이방인 가운데 얼마나 풍성한지를 알게 하려 하심이라 이 비밀은 너희 안에 계신 그리스도시니 곧 영광의 소망이니라 (골로새서 1장 26절 ~ 27절)

구약에서 메시아에 대한 예언은 많이 있었습니다. 그러나, 오실 메시아의 예언의 대부분은 왕으로서의 메시아 예언이지 종 또는 대속자로서의 메시아가 아니었습니다. 심지어 성경에 정통한 제사장들과 바리새인들조차 예수님을 보고 두려움 없이 십자가에 못 박지 않았습니까? 그들이 성경에서 이해하고 기다리던 모습의 메시아가 아니었던 것입니다. 구약의 믿음의 선진들이 대속자의 메시아로 믿었다고 하더라도 최소한 대속자로서의 메시아를 밝히 드러낸 선지자는 이사야인데 이스라엘은 멸망하고 유대 말기일 때이니 그 이전 선진들은 대속자로서의 메시아를 몰랐을 것입니다.

이로 보건대, 구약의 이스라엘의 믿음의 선진들도 대속자로서의 메시아를 믿음으로써 구원을 받은 것이 아닌 하나님을 믿고 하나님 말씀인 율법대로 순종하며 살려고 하던 태도로 인해 구원을 받은 것이니 특별은총으로 구원을 받은 것입니다.

이제까지 구약의 이스라엘 선진들도 특별은총으로 구원받은 것이라고 말하였습니다.

성도 성경에 명확히 나와 있지 않아도 노아, 아브라함, 모세 등에게는 대속의 메시아를 알게 해 주지 않으셨을까요? 그리고, 대속의 메시아를 몰랐더라도 오실 메시아를 믿은 것도 믿음 아닌가요?

성경 그럼, 이방인들 가운데 한번 살펴볼까요? 먼저 욥을 살펴볼게요.

보라 인내하는 자를 우리가 복되다 하나니 너희가 **욥의 인내를 들었고** 주께서 주신 결말을 보았거니와 주는 가장 자비하시고 긍휼히 여기시는 이시니라 (야고보서 5장 11절)

욥은 이방인입니다. 욥이 하나님을 믿고 섬기기는 했지만 구약의 메시아 사상에서 메시아는 이방인과는 무관한 자입니다. 그런데, 구원에 이르지 못한 욥을 왜 야고보가 인내의 예화로 들었을까요? 욥도 구원에 이르렀다고 보는 것이 타당하지 않을까요? 욥은 어떻게 구원에 이르렀을까요? 그는 하나님 앞에 거룩하고 신실한 삶을 추구했습니다. 하나님 앞에 온전한 삶을 추구했던 자이기에 하나님께서 욥을 구원하셨을 것입니다.

성도 욥 정도 되면 오실 메시아를 알지 않았을까요? 하나님을 대면한 자이거든요.

성경 예수님이 자신을 영접하지 않은 이스라엘에 대해 하나님의 선지자들을 영접한 이방인의 예화를 든 이 인물들은 어떠한가요?

엘리야가 그 중 한 사람에게도 보내심을 받지 않고 오직 시돈 땅에 있는 사렙다의 한 과부에게 뿐이었으며 또 선지자 엘리사 때에 이스라엘에 많은 나병환자가 있었으되 그 중의 한 사람도 깨끗함을 얻지 못하고 오직 수리아 사람 나아만뿐이었느니라 (누가복음 4장 26절 ~ 27절)

사렙다 과부와 나아만 장군은 모두 이방인들입니다. 이들이 구약에서 이스라엘의 메시아인 오실 메시아를 믿고 기다리고 있던 자들이라고 볼 수 있을까요? 살아 계셔서 자신들의 삶에 개입하신 하나님을 믿는 자들이라고 보는 것이 더 타당하지 않을까요? 이들이 오실 메시아를 믿지 않았으므로 지옥에 있을 것이라고 보는 것이 타당할까요?

심판 때에 니느웨 사람들이 일어나 이 세대 사람을 정죄하리니 이는 그들이 요나의 전도를 듣고 **회개**하였음이거니와 요나보다 더 큰 이가 여기 있으며 심판 때에 남방 여왕이 일어나 이 세대 사람을 정죄하리니 이는 그가 솔로몬의 **지혜**로운 말을 들으려고 땅 끝에서 왔음이거니와 솔로몬보다 더 큰 이가 여기 있느니라 (마태복음 12장 41절 ~ 42절)

예수님은 니느웨 사람들이 이 세대를 단죄할 것이라고 하며 요나의 설교를 듣고 **회개**했다고 말하고 있습니다. 이들이 오실 메시아를 믿었을까요? 아니죠. 단지, 하나님 앞에서 자신의 죄를 지적한 요나의 말에 회개한 자들이죠. 이들 역시 하나님 앞에 구도자가 된 것입니다. 이들은 메시아를 모르지만 하나님 앞에서 옳은 것을 좇기로 결정한 자들입니다. 이들은 오실 메시아를 믿지 않았으므로 모두 지옥으로 갔을까요?

예수님은 솔로몬의 지혜를 들으러 온 남방여왕이 이 세대를 단죄할 것이라고 하셨습니다. 왜냐하면, 진리를 알기 위해 솔로몬을 찾아왔기 때문입니다. 남방여왕도 구도자인 것이죠. 예수님이 이 세대를 심판하리라 한 남방여왕도 오실 메시아를 믿지 않았으므로 지옥에 있을 것이라고 생각하는 것이 타당할까요?

예수님이 오시기 전에 구약에서 모든 이스라엘 선진들은 구원의 성경적 원리의 관점에서 보면 특별은총의 대상입니다. 그리고, 구약의 메시아 사상과 무관했던 욥, 사렙다 과부, 나아만 장군, 니느웨 성 백성, 남방여왕도 하나님의 특별은총의 대상입니다.

지성 특별은총은 구약에서부터 쭉 있어 왔던 거네요.

성경 혹시 또 다른 궁금한 것은 없나요?

지성 하나님과 구원에 대한 많은 궁금증이 해소되었습니다. 더 궁금한 것이 생각나면 선생님을 다시 한번 찾아뵙겠습니다. 선생님과 대화하면서 하나님에 대해 그동안 제가 가지고 있던 많은 오해가 풀리고, 하나님의 사랑을 깊이 깨닫는 시간이 되었던 것 같아요.

성도 저도 하나님의 사랑에 대해 더욱 깊이 느끼는 시간이 되었던 것 같습니다.

성경 저희의 대화가 도움이 되었다니 감사하네요. 성경에 대해 궁금한
　　것이 있으면 언제든지 연락 주세요.

지성, 성도 함께 선생님! 감사합니다. 안녕히 계세요.

성경 두 분도 안녕히 가세요. 살롬!!

지성이 성경에 묻다

ⓒ 이원재, 2023

초판 1쇄 발행 2023년 7월 7일

지은이   이원재
펴낸이   이기봉
편집   좋은땅 편집팀
펴낸곳   도서출판 좋은땅
주소   서울특별시 마포구 양화로12길 26 지월드빌딩 (서교동 395-7)
전화   02)374-8616~7
팩스   02)374-8614
이메일   gworldbook@naver.com
홈페이지   www.g-world.co.kr

ISBN   979-11-388-2064-6 (03230)